共读绘本的一年

/ 孩子如何在故事里探索世界 /

[美] 薇薇安·嘉辛·佩利 著　枣泥 译

新经典文化股份有限公司
www.readinglife.com
出 品

献给艾文

本书荣获
美国英语教师委员会杰出教育奖
哈佛大学出版社教育类年度图书

倾听天堂里花开的声音

儿童阅读推广人、红泥巴读书俱乐部创始人　阿甲

三年前,为了更好地翻译李奥尼的作品,我找来了原版的《共读绘本的一年》,因为据说这本书里记录了不少幼儿阅读李奥尼作品的反应。

我爱极了李奥尼的作品。我知道许多成年读者也非常喜欢。李奥尼被誉为"图画书中的伊索",因为他用文字和图画共同创作的故事有非常明显的寓言倾向,深刻却并不故弄玄虚,几乎每一位具有丰富阅读经验或人生阅历的读者都能从李奥尼的故事中读到点儿什么,并能引发思考和讨论。我甚至感觉李奥尼是那种很老派的说故事人,他的作品中也许只有《小蓝和小黄》可以称得上"新奇",大多数故事说起来都舒缓悠长、不紧不慢,而且故事结构与艺术手法都很节制地遵循着某种自我约定的"老套"。喜爱田鼠

阿佛的那种"发呆"（或换言之冥想式的思考）的朋友喜爱李奥尼并不出奇。可是，孩子们呢？毕竟他们才是图画书的优先读者。

作为父亲，也作为推广阅读的故事人，我也常常给孩子说李奥尼创作的故事。听李奥尼的故事，他们几乎不可能欢腾雀跃，虽然有时也会被呵呵逗乐，但总体上是相当安静的。的确，孩子常常会静静地听完，清澈的眼光中似乎闪过几点火花，嘴角不自觉地挂着微笑，然后就这样结束了故事。我非常好奇，小黑鱼、田鼠阿佛、鳄鱼哥尼流、亚历山大和发条老鼠威利……到底在孩子的心中唤起了什么？但我不想用可能很无聊的问题去破坏故事带来的美好感觉，听完故事后静静回味、咀嚼的滋味真的很过瘾。

展读《共读绘本的一年》为我打开了另一片天地。我们看到了一种堪称为完美的阅读状态——如此阅读，近乎天堂般的享受！

作者薇薇安是一位幼儿园教师——提及这个职业，我们通常会联想到"幼儿园阿姨"，也许是毕业不久的年轻女孩，能歌善舞，活泼可爱；也许是从业多年上了点年纪的女性，虽然有些婆婆妈妈，但也和蔼可亲。不过，这本书的故事讲述者很可能与我们的印象完全不匹配，她当时已经六十五岁了，正面临职业的最后一年，而且她还是一位作家（在美国恐怕还是一位非常有名的作家）。在我们的文化里，从幼儿园教师成长为著名作家的例子也是有的，但身为作家却以幼儿教师身份执业至退休的却无先例。

作家薇薇安是幼儿园的主班教师，所带班级的孩子大概在五六岁左右（相当于我们的大班或学前班），该班另一位主班老师是妮莎，两位老师配合默契，亲密无间。这个班的人数很少，书中出现过名字的大概有瑞妮、柯芮、凯文、布鲁斯、奥利弗、乔纳森、安妮塔、沃特、珍妮，估计师生配比就在一比五左右。还有一点非常有趣，班上就这么几个孩子，还有白人有黑人（如瑞妮、凯文和布鲁斯），还有刚从波兰移民过来的沃特，也有被贴标签为孤独症的奥利弗；而妮莎老师是印度裔的，薇薇安自己是犹太人！

就是这样一个人种纷杂、年龄老中幼相结合的独特群体，居然快快活活地读了一整年的李奥尼！你难道一点也不好奇吗？

每当成年人想要主持孩子们阅读某部作品或某位作家的作品时，会当然地构想如何引导、如何设计各种符合儿童心理和接受能力的具体方案。身为作家的薇薇安老师一定会有什么高招吧？如果你是这么期待的，读这本书恐怕会有点失望。这位薇薇安老师看起来完全没有教学设计，没有预先制订的学习目标和具体实施的教学方案。对于期待孩子在幼儿园多少学点知识，识字啊、算术啊、外语啊，至少"不能输在起跑线上"的家长，薇薇安的教学方法很可能纯属无聊的打发时间。先放下这类颇为焦虑的期待，静心读一读、想一想。

在这个幼儿园的教学实例中，老师把指挥棒交给了孩子！当然是非常慎重地、不露痕迹地交给了一位气质独特的孩子，那位总是拿棕色蜡笔画画的棕色皮肤的黑人女孩。瑞妮迷上了李奥尼，从田鼠阿佛身上读到了极不寻常的信息，她每时每刻都在不自觉地传递这些信息，居然点燃了所有人的热情。薇薇安看到了，听到了，深受启发（或者毋宁说是震撼），于是她试着让瑞妮引领大家踏上了李奥尼之旅。

你能相信一个五岁多小女孩的引领吗？我相信。河合隼雄在《孩子的宇宙》一书中就曾向我们展示过孩子可能拥有的强大精神力量，而我自己也常常在与孩子的交往中深深体会到这样的力量。是的，那位拿棕蜡笔的黑人女孩瑞妮的确具备这样的力量，她推动整个班级读了一整年的李奥尼，做了许多相关的活动，画海报、做手工，尝试与艺术家通信，讨论分析李奥尼试图探究的真理、乐于分享的秘密，让启迪和美好的感觉深深地留在每一位参与者的心中。参与者当然也包括薇薇安和妮莎老师，还有所有被卷进来的家长们。

那么，记录并讲述这段故事的薇薇安老师到底起了什么作用呢？我想她起到了一个真正的教育家的作用。她是整个事件的幕后策划者，却把舞台交给了学生，虽然他们不过是五六岁的娃娃。她对瑞妮特殊兴趣的捕捉和支持，是这个美妙事件发生的前提，而在每个重要的环节适时推动，制造了一个个奇迹发生的契机。她自己也在舞台上，完全以一个真实的个体来配合引领者，真实的困惑，真实的感悟，实实在在的成长。当我们看到，孩子们借助李奥尼创造的想象世界不断挖掘到如金子般的真谛时，就好像看到一朵朵智慧之花在争先恐后地开放。薇薇安在一旁微笑，我们也笑了。最美妙之处就在于，薇薇安老师好像什么也没做，一切如此自然地发生了。这不正是老子所说"处无为之事，行不言之教"的秘诀吗？

《共读绘本的一年》是一本小书，却是一本读罢忍不住要找人分享的书，所以我非常强烈地推荐给了中文编辑，希望那些喜欢李奥尼的图画书、同时也在不断思索儿童教育问题的朋友们能分享到这种喜悦。我想这也是一本值得一读再读的书，可以帮助人实实在在成长的书。

在红泥巴分享李奥尼作品的研读活动中，我与几位发烧友抢鲜分享了这本书，一位妈妈很感慨地说："读完这本书让人心里暖暖的，一位天使般的老师带着一群天使般的孩子徜徉在李奥尼的作品里整整一年，那感觉真的如在天堂一般。"这恰好也是我的感受。

或许，我们每天都可以生活在这样的天堂里，只要我们愿意静心倾听天堂里花开的声音。

2012年10月写于北京

目　录

前　言 / 1

瑞　妮 / 4

田鼠阿佛 / 9

海　报 / 17

蒂　科 / 20

翅　膀 / 26

鳄鱼哥尼流 / 33

奥利弗 / 40

家的故事 / 47

两封回信 / 52

小蓝和小黄 / 56

一寸虫 / 62

日　常 / 68

沃　特 / 72

进一步思考 / 78

小黑鱼 / 80

故事的另一层面 / 86

猴神哈奴曼 / 90

女生男生 / 93

音乐老鼠洁洛婷 / 99

原　谅 / 104

钓　鱼 / 110

安心树 / 114

城市老鼠 / 118

家庭讨论 / 122

棕娃娃 / 125

待到天明鸡叫时 / 129

关于绘本大师李欧·李奥尼 / 135

李欧·李奥尼绘本作品年表 / 137

前 言

这本书里提到的案例都曾真实发生,此刻回想起来,却仿若我的梦境。可是,就算我和孩子们都做了同一个梦,又如何梦得出瑞妮唱的那支歌呢?"很久很久以前,啦啦啦啦,有只小田鼠叫阿佛,啦啦啦啦!"转圈,转圈,双手叉腰,"啦啦啦啦,故事讲完了,啦啦啦啦,田鼠阿佛!"

瑞妮是个五岁大的黑人小女孩,她爱上了一只叫作阿佛的小田鼠,并让我们留意到了这只小田鼠和他的缔造者,同时,她也令我们开始思索在幼儿园里发生的种种是否值得我们深思。"你看,你看,"她大声说,"我们在画李欧·李奥尼!"

"李欧·李奥尼是谁?"来访的客人们问。这时他们正看着孩子们巨大的画作,每幅画上都歪歪扭扭地写着李奥尼的大名。"一位故事爷爷。"我们会心一笑,心知有一种神奇正悄悄蔓生。

一切都恰逢其时。我将要离开服务了三十多年的幼儿园,那是我最后一年的教室生活,真是不敢想象。我想只有奇迹,才能支撑我走过未来那些不再踏进284号教室的日子。

这是我跟随孩子们一起探索未知领域的最后机会,从来没有哪个孩子像瑞妮一样,如此乐意地引领我。我好奇她怎么会知道,学校教育的关键,就是要在不破坏每人个性的基础上找出共性的教学方法。用她的话来说就是,"怎么我不管和谁在一起,时间长了都觉得他像李欧·李奥尼书里的人呢?"

"那么,你觉得我像他书里的哪个?"我问道。因为多年以来,我都困惑于李奥尼笔下的一个角色,那只名叫蒂科的小鸟。

瑞妮端详着我的脸,说:"他好像没想过要画大人。"他画的这些动物寓言已经开始在瑞妮心里埋下人生课题的种子,其中有些问题是我穷其一生也答不出来的。也许今年我终于可以找出自己究竟像他故事里的哪一个。最不济,我们也可以由此获得一种全新的课程,对我来说,这已经是奇迹了。

我在写作这篇文艺小品时发现,幼儿园生活中许多闪光的点滴,比起一个小女孩和她的老师对某个人的图画和故事的专注来,似乎都显得黯淡无光,这个人的名字,便是李欧·李奥尼。我们不断讲着他书里的故事,好像已将其他事置之度外。而这本书,主要记录了发生在瑞妮身上的故事。

她自己也说过:"还记得我不认识李欧·李奥尼、也不认识班上其他小朋友时的事吗?那时候……嗯,就好像……呃,是发生在别的地方的事。而那之后才是发生在现在的事。"

"我们也可以讲讲那时候的事呀。"

"嗯。不过我们还是来讲讲现在的事吧。"

瑞 妮

屋子里这么多黑皮肤的孩子,似乎只有瑞妮一个人符合描述:"这个跳舞的棕色小女孩就是我!"说着,她将自己画的又一幅蜡笔画贴在墙上。我想象自己如此自信地跟我的幼儿园老师说"这个跳舞的犹太小女孩就是我"——这毫无可能,我不禁微微笑了笑。

自此以后,瑞妮画的棕皮肤小人在整个幼儿园里遍地开花。她总是选与自己肤色相近的棕蜡笔来描轮廓,然后一层一层地填色,直到满意为止。

"为什么你总是用蜡笔画?"一个叫柯芮的孩子问道。她更喜欢用水彩笔。

"你看,因为它和我的颜色是一样的。"瑞妮将自己的手伸到画纸上比着,"水彩笔颜色太深了。"

"对我来说也太深了。"金发的柯芮说着,将自己的手盖在瑞妮的手上。她们在入学后的一小时内就成了最好的朋友,整天凑在一起,画好多头发又长又密的小女孩。有时候,瑞妮会用水彩笔画裙子、头发,甚至身体的轮廓,可是在涂脸、胳膊、手和腿的时候,她仍然会仔细地用那支棕蜡笔。她只要一坐在位子上,就立刻将这支蜡笔从文具盒里拿出来。蜡笔躺在画纸上,时刻准备向人证明:这个女孩的皮肤颜色和我一个样。

班里还有两个非洲裔的孩子,一个叫凯文,一个叫布鲁斯。今天,他们拿着自己的纸笔坐在瑞妮和柯芮的对面。"红妖怪,哪里跑;蓝妖怪,哪里跑。"布鲁斯一边哼着歌谣,一边给画好的两个又高又笨的怪物上色:红色的是好人,蓝色的是坏蛋。"抓住它!"刷刷刷。"抓住它!"刷刷刷。

蜡笔敲击桌子的节奏越来越快,同时他用脚合着拍子,身子扭来扭去。"蓝妖怪,哪里跑;红妖怪,哪里跑。抓住前面的大坏蛋。抓住它,抓住它,谁都跑不了,你们跑得太慢了。"啪,他又拿起紫色的水彩笔,开始涂第三个大坏蛋。

瑞妮伸过头去看他画怪兽,可和平的景象并没有持续多久。不一会儿,她就跑过来跟我说:"老师,我有很重要的事要告诉你。布鲁斯骂我是短头发的小黑鬼。"

"那你——"

"他刚才说'你这个短头发的小黑鬼',他不应该骂人。"她转头看了看跟过来的布鲁斯,又说,"我爸爸说如果有人欺负你,不要理他,去告诉老师,所以我来找你。"

"对不起。"布鲁斯虽然道了歉,可是并没觉得难为情。吃午饭的时候,他朝着从他身边经过去拿牛奶的瑞妮大喊:"嗨,宝贝!"瑞妮立即又一次表示抗议,而且这次她干脆直接上阵教训人了。

"你刚才说'嗨,宝贝',这就等于在说'嗨,女朋友',对吧?可我不是你的女朋友。"

"没准你是呢?"布鲁斯开玩笑地说。可是瑞妮不为所动:"啊哈,是吗?可你还交不了女朋友。只有大人才能交女朋友,所以你还是等长大以后再说吧。我爸爸每天都和我妈妈说'嗨,宝贝',因为他们结婚了。"

瑞妮一点也不胆怯,而曾经的我却做不到。我上一年级时,班上有一个叫爱德华的家伙老是嘲笑我乱蓬蓬的头发,说那是"一个鸡窝"。我听了羞红了脸,可是因为不好意思,就不敢告诉老师,也不敢和父母说有人欺负我。瑞妮的抗议果断而及时。

有一次她讲故事时,我指出了她的语法错误,她的反应可以称得上机敏极了。当时是午休时间,她讲道:"很久很久以前,有一个小公主。她的爸爸和妈妈是个国王和王后。"

"你是想说'她的爸爸和妈妈是国王和王后'吗?"

"她的爸爸和妈妈就是国王和王后。"她怕我再打断她,急忙说下去,"有一天,公主去散步,她在森林里越走越深,最后迷路了。"

"'越走越深'用得不错。"我鼓励道,瑞妮说了声"谢谢"。她分得清哪些评价是针对故事的,哪些是针对个人的。"然后,公主看见了一块空地,那里站着一个王子。"

"他说'嗨,宝贝'了吗?"布鲁斯在一旁打岔。

"啊哈,"瑞妮非常威严地说,"你不知道了吧,王子说话才不会这么随便呢。他说:'早上好,尊贵的小姐。今天过得好吗?'"

你看,她还知道王子说话的语气,以及男孩子和女孩子说话的不同,甚至有时还知道老师不应该说什么。她能很清晰地描述自己:这就是我,我长这么大了,我很了解自己。瑞妮如此轻易地就发展出自我认同的能力,这正是我一直渴望却困惑了大半辈子的事。直到四十岁,我才开始认清真实的自我——一个写书的幼儿园老师。连我自己都吓了一跳。

如果不是班上这群孩子为我提供了思路，我仍然没法动笔。在这本书里，我常用瑞妮的棕蜡笔做隐喻，但瑞妮扮演的角色并不仅限于此。这位天生的创新者，即将发现一只叫阿佛的与众不同的小田鼠。这只小田鼠将把她推进一个崭新的世界。

瑞妮去哪里，我们就跟到哪里。幼教工作者是未知领域的热情探索者，嗅觉灵敏，能很快找到那些不断解开无尽可能的人。瑞妮或许不知道，大人虽然很喜欢说"嗨,宝贝"，但是很少有人像孩子那样，对饱含激情带领自己进入未知领域的同伴给予真正热烈的回应。

幸运的是，和我搭班的老师妮莎·鲁帕瑞尔－森精通她们印度本民族的神话故事和民间传说，而且很期望能够在日常生活中发掘神话与现实间的神秘联系。更重要的是，她和孩子一样，随时愿意领略其他人的思想世界，即使她内心里自有天地。

田鼠阿佛

瑞妮第一次见到田鼠阿佛的时候,惊讶地睁大了眼睛。"这只棕色的小老鼠长得多像我啊!"她看着《田鼠阿佛》的封面,大声喊着。这是李欧·李奥尼的一本绘本,妮莎刚刚给班上的小朋友读完。"因为我和他一样,总是在思考有关'颜色'和'词语'的问题!"

在我看来,瑞妮和阿佛并不怎么像。阿佛是只固执的田鼠,他拒绝帮朋友们一起储存过冬的食物,而是用大把的时间去做诗、写故事。他不管别的田鼠愿不愿意,坚信自己在为大家谋福利。而瑞妮呢,她对朋友和对自己一样,充满好奇。像阿佛这种"自己的兴趣高于一切"的做法,我觉得倒是更像我,而不是瑞妮。

我并非想要指责艺术家阿佛或诗人阿佛,只是很疑惑他

《田鼠阿佛》
南海出版公司出版

心里从不觉得亏欠了朋友。他很肯定地认为,即使只顾忙自己的事,那些小田鼠仍然愿意和他做朋友。在成人的世界里,这种友情是容易出问题的。当然,瑞妮肯定是小孩子的想法,通常孩子们更喜欢他们中间有一些与众不同的人。

既然对阿佛有了兴趣,瑞妮当然不会只看看封面就算了。她把书摊在桌子上,一页一页地翻着,不时用手指摸摸那只小田鼠。"他们……"她叹了口气,很遗憾自己认不全上头的字。可是她知道,一定要学会画这只小田鼠,要用自己的棕蜡笔为他们涂上颜色。

瑞妮临摹的第一幅画,是阿佛闭着眼睛懒洋洋地坐着晒太阳,而其他小田鼠正忙着把玉米粒搬到石墙里的藏身处。("'阿佛,你为什么不干活儿?'他们问。'我在干活儿呀,'阿佛说,'我在采集阳光,因为冬天的日子又冷又黑。'")

"他真安静。"看着阿佛静静地窝在那里,瑞妮终于找到了合适的形容词。

"阿佛对朋友一点都不好。"柯芮大声说着,不明白自己的好朋友怎么会迷上这只田鼠,"他太自私了。"

瑞妮碰了碰柯芮的胳膊,说:"这和自私没关系,他是在思考。反正,不管其他田鼠有多好,我还是喜欢阿佛。看他的尾巴,柯芮,你不觉得他摇尾巴的样子很可爱吗?"

《田鼠阿佛》内文图

"你能帮我画眼睛吗?"柯芮说着,将自己的画纸推到瑞妮身前。我抬起头,发现五个孩子都开始画小田鼠。因为好奇心的驱使,他们不约而同地画了起来。

"我还没画到眼睛呢,眼睛是最难画的。"瑞妮回答说,

"不过我可以帮你画,可能画得不太好。这种眼睛最难画了。"

她们要画的那种眼睛,是两个嵌在稍大的白圆圈里面的小黑圆圈。简单,却透着不同寻常的温柔和善良。虽然阿佛的行为在朋友们看来很奇怪,可是朋友们看他的眼神仍然充满了温暖,这抹温暖能够直抵读者的灵魂。我希望自己在埋头写书,看起来冷淡或心烦意乱的时候,我的同事们也能用这种眼神来看我。

"他们对阿佛确实很好。"瑞妮向别人解释说,"因为他们知道思考不是件坏事,而且在思考的时候需要安静。"

乔纳森在沙堆对面大声反驳:"帮别人的时候也可以思考啊!"珍妮不太同意他的看法:"还记得吗?有一次我正在想故事,佩利老师说不让我接着想,因为大扫除的时间到了,结果我把要讲的故事全忘了。"她皱着眉头,等着我回答。

"真对不起,珍妮,阿佛的朋友们肯定会让他在大扫除的时候讲故事的。"

"应该是'想'故事,"瑞妮更正我说,"哦,你看他闭眼睛的样子。"她也紧闭起眼睛,继续画,但是画了一两笔之后就停下了。她把书递给我,问道:"你能再给我读一遍吗?"

我读的时候,她拿手抚摸着带纹路的图案,试着感受图的质感。阿佛背对其他人坐着,凝视着草地。("'那现在呢,阿佛?''我在采集颜色,'阿佛简单回答道,'因为冬天是灰色的。'")

瑞妮涂了很多东西——绿色的草、红色的橡果和橘色的花,最后她又拿起了棕色的蜡笔。书上的阿佛眯着眼睛,

《田鼠阿佛》内文图

眼皮耷拉成浅棕色的半圆。("'你在做梦吧,阿佛?'他们有点责备地问他。可是阿佛说:'哦,不是的。我正在采集词语。'")

"我的蜡笔也在做梦。"瑞妮说着,用蜡笔在阿佛的眼皮上涂了浅浅的一层棕色。"看,柯芮!像个小毯子!你想

《田鼠阿佛》内文图

让我给你的眼睛盖上小毯子吗？"她很得意自己开的玩笑，然后拿着书到处给人看。"你看，你看，"她大声说，"我们在画李欧·李奥尼。"

如果瑞妮不像阿佛，还会是谁像呢？她的想象力开启了我们的智慧，正如阿佛的诗在粮食吃完的冬日鼓舞了他的朋友们一样。（"'现在，我带给你们阳光。你们感觉到了吗？它的金色光芒……'就在阿佛说到太阳的时候，那四只小田鼠开始感觉暖和些了。"）

"啦啦——啦啦，他们是李欧·李奥尼的小田鼠。"瑞妮的歌声带动了桌旁的其他小艺术家，他们应和着"嗒嗒嗒"，为这首歌打着节拍。他们的笑容闪闪发光，就像透过芝加哥这灰蒙蒙的玻璃窗照进来的灿烂阳光。

在一上午的时间里，孩子们知道了艺术家在社会中扮演的角色，也明白了思考所必需的条件，还有音乐、美术对情感的影响。"这只棕色的小老鼠就和我一样！"瑞妮简单的一句话，预示她将是一个注重内省的人。

而我，这个被人认为太好内省的人——虽然妮莎和班上的小朋友们从来没这么说过，就这样认识了一个拿着棕蜡笔的小女孩和一个挥着魔法画笔的作家。他们努力地从作品中寻找自我启示，让我相形见绌。

"李奥尼是谁?"来访的客人们问。

"他叫李欧·李奥尼,"瑞妮更正道,"他是阿佛……嗯……他是阿佛的……呃,好朋友。"

海 报

显然,田鼠阿佛还会和我们待上一段时间,我要是预先知道他还会待多久,后面又会演变出哪些花样,恐怕会因难以置信而笑出声来。书中所有细微的形象似乎都有特殊的含义,连阿佛坐在上面幻想词语和颜色的花石头,都好像给孩子们带来了不同寻常的讯息。一个孩子还给石头起了名字,叫"李欧·李奥尼之石",当然这些石头也被他们用柔和的秋天的颜色临摹过无数遍了。

瑞妮坚持说我们需要一张《田鼠阿佛》的海报——"就像博物馆的那种"。于是,一天上午,我们在美术教室把两张桌子拼在一起,铺上一大卷白纸。然后,按照指挥,我替瑞妮在白纸的最顶端写下了"田鼠阿佛,李欧·李奥尼／著"的字样。

其他孩子也陆陆续续围了过来，他们拿起画笔，开始画一面石墙，缝隙间有许多小田鼠在跑来跑去。到了放学的时候，一幅一米八宽、两米四高的画挂了起来，等着晾干。田鼠阿佛的世界呈现在众人眼前，只见高高的石墙顶上坐着一个睡眼惺忪的诗人，他耷拉下来的眼皮是棕褐色的。瑞妮用了三个单独的容器，就为了调出一个最合适的棕色——棕色范围内的所有色阶和色相对瑞妮而言都很重要。

这张海报现在挂在钢琴的上方，非常醒目。它已经开始发挥效用，直截了当地改变了我们班的说话风格。"这是李欧·李奥尼，啊哈啊哈；那是田鼠阿佛，啊哈啊哈。"不管在玩具角、桌子旁、沙堆隧道里，还是积木城堡旁边，一看到那位作家笔下的形状、颜色和文字，我们都会开始莫名地哼唱同一首歌。

这到底是怎么回事呢？是一个富有人格魅力的小孩，如爱自己一般爱上了那只小田鼠，结果产生了传染效应？抑或是我对幼儿的研究遇到了瓶颈，找不到全新或值得深入的课题，结果不自觉地放大了这种现象呢？要知道，每年我都渴望有像瑞妮这样的孩子出现，来唤醒我的激情。正如瑞妮到幼儿园来，就是期望找到像田鼠阿佛这样能够令人深思并有着无限延伸可能的某种东西。

奇怪的是，我们在排演《田鼠阿佛》这个故事的时候，瑞妮决定扮演阿佛的朋友。"我以为你会想演阿佛。"妮莎说。

"他的朋友们更可爱。"

"你不喜欢阿佛了？"柯芮问。

"不，我喜欢，但是他的朋友们都那么爱他。"

她很好奇一件事，第一个发明舞蹈的人当时是一种什么感觉？我没有瑞妮那样勇敢，也没有她那样旺盛的求知欲，我现在该不该别端着校长的架子，加入这群孩子当中呢？

蒂 科

　　事实上,我在幼儿园的最后一年里曾竭力避开李欧·李奥尼这个名字。《田鼠阿佛》是偶然在一大摞平装书中被发现的,瑞妮立刻拿去让妮莎读。我不是不喜欢阿佛,绝对不是,我对李欧·李奥尼抱有疑问是因为他的另一本书《蒂科与金翅膀》。蒂科朋友们的做法我一直接受不了,相较之下,阿佛这种爱搞特殊的个性已经可以让我心平气和了。

　　简单复述一下,蒂科的故事是这样的:蒂科是一只没有翅膀的小鸟,不过朋友们都爱他,悉心照料他,直到有一天,一只许愿鸟实现了他想有对金翅膀的愿望,情形就变了。蒂科变得……活泼开朗,强壮有力,甚至能一飞冲天。当他飞回原来栖息的大树,却被迎头一击:朋友们都不愿接纳他。("'有了这对金翅膀,你觉得你比我们都强,是不是?你就想和别

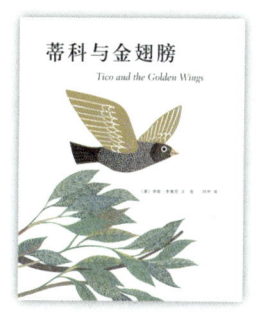

《蒂科与金翅膀》
南海出版公司出版

人不一样。'说完,他们就飞走了,再没说什么。")

他们对他多么残忍!他们的愤怒伤了蒂科,也伤了我。这不公平。多年来我时时提出这个问题,让我失望的是,每年班里的孩子都为蒂科的朋友们辩护。"因为他让他们嫉妒!"每年我都会听到类似的答案。"他太希望和别人不一样了,其实他用不着非得要一对金翅膀。"

可怜的、毫不设防的蒂科。他弱小的时候,那群所谓的朋友就爱他,可是当他以超乎想象的方式变得强壮时,他们就抛弃了他。他只能将自己的金羽毛贡献给需要帮助的人,以换取一根根黑色的羽毛,朋友们这才心满意足地重新接纳了他。("'现在你和我们是一样的。'他们说。")蒂科又开心起来,小朋友们也松了一口气,可是我有一种被背叛的感觉。

突然我觉得必须听听瑞妮对蒂科的看法。毫无疑问,她一定会拿着棕蜡笔,睁着那双富有洞见的眼睛,捍卫蒂科

可是,当朋友们看到我从空中俯冲而下时,
他们皱起眉头对我说:"有了这对金翅膀,
你觉得你比我们都强,是不是?
你就想和别人不一样。"
他们飞走了,再没说什么。

《蒂科与金翅膀》内文图

那种想要与别人不一样的、认同自我的品质。我翻箱倒柜找出一本放了多年的旧书,将小朋友们召集到地毯上坐下来。我简直等不及要听瑞妮的答案了。

当故事进行到蒂科被朋友们指责的场景时,孩子们变得忧心忡忡。只翻了一页,蒂科就从幸福的顶端跌到绝望的谷底,孩子们的心情也随之起落。从他们的眼中,我读到这样的心声:蒂科,千万要找回朋友们的爱啊!到故事最后,蒂科的金羽毛全都没有了,朋友们欢迎他回来,这时孩子们终于松了一口气。可是我无力隐藏自己的感受。"可怜的蒂科,他本可以用那对金翅膀飞得更高,看见在低处看不到的风景啊!"

"可是他的朋友们不喜欢。"乔纳森说。柯芮也补充说:"他太自私了,有那么多金色的羽毛。"

"他可以把金羽毛分给朋友们。"安妮塔想了想说,"然后……"

"还可以给穷人……"

"他自己可以留两根……"

"他不能显得太特别。那样不好。"

孩子们一根一根揪下蒂科的金羽毛,我看着瑞妮,她到现在还没有发言。"你怎么想?"我问她,再也忍不住。

她站起来,和我们分享了她的想法——在将要很严肃地讨论一件事时,她总会站起来——"你看,蒂科将自己的羽毛全都送人了,是因为他想让大家不要再讨厌他。他想要朋友。因为他的朋友们都说'我不要跟你做朋友',因为他长了金翅膀。'他觉得自己比我们都了不起。'"她看了看是不是所有人都在集中注意力,准备听她接下来要发表的重要看法。"可是，你们想没想过，其实他并没觉得自己有多了不起，只是他的朋友们这么认为。"

我高兴得几乎要晕过去。"所以说，朋友们对他很不公平喽？"

瑞妮扬起眉毛，不确定我是否明白了她的意思。"当然不是，因为蒂科理解他们的想法，所以拔光了自己的金羽毛送给穷人，这样穷人可以用金羽毛换点东西，而他也能重新回到朋友们的身边。"

"这很重要吗，瑞妮？回到朋友们的身边？难道他不能既拥有金羽毛，又拥有好朋友吗？"

回答我的是一阵长长的沉默，也许她听出了我话中的绝望。随后，她微笑着看了看我，说："我的意思是他当然可以这么希望……可是如果他的朋友们不喜欢，就不行。不然，他会变得很孤独。"

她的回答一语中的。蒂科希望有一对金翅膀没有错，他想要借助这对金翅膀变得和朋友们不一样也没有错。不过，一旦他知道了朋友们都不喜欢这样，他就必须顾及他们的感受。他要自己做出选择，是要长着金翅膀变得孤独，还是变得普通但有很多朋友。这个道理，从这个拒绝附和别人却能把每个人都变成朋友的小女孩嘴里说了出来。

"可是阿佛呢?"我不甘心,"没人要他变得和别人一样,别去思考什么词语啊、颜色啊。"

"他们是另外一种朋友。"她简单地回答,"蒂科没有这种朋友而已。"

"蒂科的朋友们不在乎他是不是高兴。"珍妮说。

"不过,"瑞妮向前迈了一步,说:"他们只是不喜欢他高兴过了头。"

他们高兴地唧唧喳喳叫起来。
"现在你和我们是一样的。"他们说。
我们全都紧紧地挤在一起。
可是我太开心太兴奋了,怎么也睡不着。
我想起手艺人的儿子、老婆婆、木偶艺人,
还有别的那些我用金羽毛帮助过的人。
"如今我的翅膀是黑色的,"我想,
"可我还是和朋友们不一样。
我们都是不同的。
各自都有属于自己的回忆,
和看不见的金色梦想。"

《蒂科与金翅膀》内文图

翅 膀

日志——十月十五日:"瑞妮对社会现实的认知超过了我。在蒂科的问题上,她跳出了我画的狭窄的条条框框,强调了常人看来很简单的一点,即为人处世的方式。对与自己有分歧的人,有的人可以很包容,另一些人却会觉得被深深冒犯了。从另一方面来看,确实有人更加在意所在群体中他人的感受,愿意将自己的金羽毛送出去,或者通过和他人保持一致的高度,来获取友谊。

"尽管这样,我还是想要问问李欧·李奥尼,为什么其他鸟一定要蒂科和他们保持一致,换个问法:为什么他要这么写。在我看来,蒂科的做法并不代表作者的个人选择,因为他曾担心过于迎合大众的标准,所以又怎么会写出这么一本书呢?"

上面这一段,是我在下班以后迫不及待地写下来的心得。突然,我很想看看李欧·李奥尼的其他书都是什么内容,于是急忙跑去图书馆,还好没有关门。

《鳄鱼哥尼流》
南海出版公司出版

我将李欧·李奥尼所有的书都找出来,堆在离书架最近的一张桌子上。连《田鼠阿佛》和《蒂科与金翅膀》全都算在内,起码有十几本。我剔除已经看过的几本,翻开一本《鳄鱼哥尼流》读起来。读着读着,我突然有种奇怪的感觉。难道冥冥之中有股力量,让我选中了这本书?就像是李欧·李奥尼为了安慰我,特意将蒂科的故事重写了一遍。

哥尼流从不妥协。他是一条从蛋里孵出来就开始用两条腿走路的鳄鱼,而其他鳄鱼都按照爬行动物惯常的方式在地上爬,("'我能从上面看到那条鱼!'哥尼流说。'那又怎么样?'别的鳄鱼不耐烦地说。")哥尼流每宣布一个新发现，群体中都会响起反对和抵触的声音。（"'那又有什么好处呢？'"）

蒂科一定会低头，为自己的异想天开而道歉，可是哥尼流不会。他既不会投降，也不会妥协，而是任由别人去嫉妒。（"于是有一天，哥尼流一气之下，决定一走了之。"）多么特立独行的一个人，他从不担心自己是否孤独，不管什么时候。

作者究竟有什么意图，才在创作了一个牺牲自我、迁就大众的悲情英雄的同时，又创作了至少两个与他截然相反的人物？我又看了看摊在桌子上的这些书，回想着书里的人物和情节。似乎每一个故事里都有个体与大众之间的冲突，而这种冲突以十几种不同的形式呈现出来。读者一定会产生疑问："蒂科、阿佛，或者哥尼流，我最像谁呢？还是故事里的其他人？如果我做了这些选择，我的朋友们会有什么反应？"

这个我们在日常的课堂上讨论，在例会时也萦绕在我心头的难题，似乎就是李欧·李奥尼书中要探讨的主旨。要是我们能钻进这个神秘又颇具争议的作家的脑子里，让他亲自来解读自己的作品就好了。

就在我愣愣地坐着，幻想着我和作家有可能出现的对话时，一个非常实际的点子蹦了出来。为什么不能以某种形式将李奥尼先生（对不起，应该是李欧·李奥尼）邀请来，和班里的孩子们共处一年呢？他就在这里，就在桌上的这些书里。只要我们有心，便可以随意发问，而他是不会吝于回答的。

"哎，别这么快做决定啊！还有我们呢！"我身边的上千本书齐声责问，"你不能只顾一个作者，就把我们都忘了！"好像我真的敢忽视这些言辞优美、学识渊博的经典作品似的。不过，如果有必要弄明白"到底是怎么一回事"，集中精力研究一个作者还是有价值的。书架上的书怒目而视，用哥尼流同伴们的方式责备我的偏心。甚至连图书馆的管理员好像都不赞成。其实，她只不过想说该闭馆了。

归家途中，暮霭沉沉，我觉得自己似乎生了一对翅膀，一对金翅膀。这对翅膀缓缓张开，似欲振翅高飞。瑞妮让我得以用全新的视角来看待蒂科，进而将他与李欧·李奥尼笔下的其他形象放在一起考虑。对她来说，蒂科并不是我所认为的殉道者，而是一位珍视群体、重视他人感受、可尊可敬的好朋友。看待事物，不应该独尊一理，百花齐放才是春。

有没有可能在幼儿园的课程设计中注入这样一种文学色彩浓厚——没错——而且周期漫长的智力活动呢？通常来说，这种智力活动要求学生具备分析能力和自省能力，不适合幼儿园的孩子。可为什么不试一试呢？我见过五六岁的孩子振振有词地辩论，其激烈程度与良好的洞察力绝不输于任何辩论中的成人。李欧·李奥尼能让这项智力活动更容易被小朋友接受，因为他为我们的感知观察提供了明晰而稳固的参考框架。

不论何时，瑞妮总是遥遥领先于我的学术漫谈。"你很为蒂科难过吗？"我们坐在操场上的长椅上时，她这么问我。

"很高兴你能问我这个问题，瑞妮。我希望他的朋友们也能像阿佛的朋友们或你的朋友们一样，理解他。"

"阿佛会给他们讲故事。"

"可是，你知道，蒂科不久后也能做到。"

瑞妮抬起头，用那双李欧·李奥尼式的深棕色眼睛看着我，说道："你很爱蒂科。"说完，她就蹦蹦跳跳地走开，去找自己的朋友玩了。她的这些朋友大部分时候都很像阿佛的朋友，急切地分享彼此的故事，同时也允许有人在高高的云端翱翔。可是，他们也可能会突然变得像蒂科的朋友般心怀嫉妒。

"昨天晚上我梦见李欧·李奥尼了。"吃午饭的时候，瑞妮告诉我们，"他长得很像阿佛，就是耳朵不太一样。一个阿佛式的人。"

"那有什么了不起？我昨天晚上梦见了恐龙战队！"布鲁斯不甘示弱地回应。

"我梦见了茉莉公主！"珍妮说。接着，柯芮想起她梦见了小美人鱼。餐桌旁掀起了一股"说说自己梦见了什么"的浪潮。为什么瑞妮会梦见李欧·李奥尼呢？

她不打算和他们争下去。"我梦见的李欧·李奥尼很安静，一直在思考。下次我会问问他蒂科的事。"最后一句她是对我说的。这个叫瑞妮的小女孩究竟是何方神圣？她怎么知道蒂科的问题让我陷入困境，迫切需要解决？

等孩子们放学以后，我和妮莎讨论起"李欧·李奥尼年"的创意。"对我来说，他一直都很神秘。"妮莎说，"想当初，我刚来美国的时候，知道的美国作家很少，读的作品就更少了。李欧·李奥尼是我最早了解的几个作家之一，可是后来我听到有人评论他的书是不适合小孩子读的，我很困惑。明明他的书画面漂亮，文字也简单。我知道他的书寓意深远，有些孩子一时半会儿理解不了，可是我不觉得光因为这个就说他的书不适合孩子读。"

"这么说，你也认为可以给孩子们读李欧·李奥尼的书喽？"

"对，没错。你看，我们印度的孩子从小是听史诗《罗摩衍那》长大的。这是印度最伟大的史诗，比李欧·李奥尼的书艰涩，同样在探讨真正的人类价值观。在上学前，我就耳熟能详哈奴曼的故事了。他是一个很有魅力的角色，机灵淘气，父亲是风神伐由，母亲是母猴安阇那。哈奴曼是一个伟大的英雄，是当时印度王罗摩的好朋友。"

"相比之下，是不是李欧·李奥尼的故事浅显许多？"

"也不是，两者都有复杂深奥的内涵。可是我觉得孩子们需要这样的故事，来唤起他们更深层的感受和思考。"

"那你对我准备花一年的时间给孩子们讲李欧·李奥尼有什么看法？毕竟，这算得上是异想天开了。以前还没有人针对这个年龄段的孩子做过这种活动。"

妮莎大笑起来："我跟你说，薇薇安，我们小时候每天都听史诗故事，所以那些故事才对我们的思维方式产生了深刻的影响。有些人觉得李欧·李奥尼深奥，而且老实说我也一直有困惑，但我认为，根本原因在于我们并没有花足够的时间去了解他。就那么零碎地读一本两本，对他的了解当然是一鳞半爪。全面了解他的作品，必然会有所收获。你的想法我举双手赞成，我很期待最终的结果。"

"好，这么说我们志同道合，我也很想看看最后结果会怎么样。"

鳄鱼哥尼流

和小孩子一样,每次进入一个新领域,我就有种自编故事的冲动。"很久很久以前,有一个拿着棕蜡笔的小女孩,她遇见了一只名叫阿佛的小田鼠。"

"她把他也涂成棕色了吗?"珍妮边笑,边看着瑞妮。

"对,然后阿佛的朋友们也来了,一个接一个地,全都喊着说:'也给我涂上吧!'后来,蒂科也来了……"

"他想要金翅膀!"

"对,他就是这么说的,可是小女孩说:'对不起,如果我给你涂了金翅膀,你的伙伴们会生气的。'这时,一条叫哥尼流的鳄鱼走了过来,站得直挺挺的,他左看看右看看。小女孩问他:'你的伙伴们希望把你涂成什么颜色?'鳄鱼回答:'哦,他们怎么想的,我才不在乎呢。给你这本书,你看完我的故事之后就全都明白了。'"

我和孩子们一起看完《鳄鱼哥尼流》的封面，翻开了第一页。看，这就是他，身上布满各种深浅不一的棕色，骄傲又幸福地在河滩上直立行走，而其他刚刚孵出来的鳄鱼全都四肢着地爬着走。("'我能看到比那片灌木丛还要远的地方。'他说。可是别的鳄鱼却说：'那又有什么好处呢？'")

当鳄鱼蛋孵好时，
别的小鳄鱼是从蛋里爬出来，
然后再爬到河滩上的。
但哥尼流却是双脚直立走出来的。

《鳄鱼哥尼流》内文图

"你们知道吗？乔纳森也这么说过我！"瑞妮抢在我翻页之前大声喊。她直直地看着惊讶的乔纳森，"你还记得吧，你说我要送给我爸爸的礼物是'傻玩意'。"她站起来张开胳膊，好像要把我们所有人聚拢，听她控诉，"我那天做的礼物特别大，我还在最上面贴了好多贴画和花边，柯芮也喜欢。结果乔纳森特别讨厌地跑过来嘲笑我，说这是个傻玩意，是垃圾。可他到现在都没道歉。"我们看着乔纳森，他只好说"对不起"，像是真的知道错了。

瑞妮和往常一样，提出自己的问题，并追寻自己的答案，给哥尼流的故事添了一条平行线。她的话还没完："瞧，你就是嫉妒，其实是鲁帕瑞尔－森老师先问我愿不愿意教珍妮做这种礼物，然后凯文也想学。我就把我的礼物做得很大，好让他们看清楚，可你还是一直嘲笑我，不停地做鬼脸，鲁帕瑞尔－森老师让你停，你才停的。"

控诉暂告一段落，我继续往下读。（"'瞧！'他说，'我能头下脚上打倒立！''那又怎么样？'别的鳄鱼都这么说。"）哥尼流又失望又生气，他决定回去找那只教他用尾巴倒挂在树上的猴子，猴子会欣赏自己的。

"你们知道吗？"我合上书，说道，"我觉得不管什么时候，只要拿起李欧·李奥尼的书，就会遇上很好玩的事。"

"什么意思?"凯文问。

"比如说刚才我们这里发生的事。瑞妮做手工的时候被伤害了感情,而我们读了这本《鳄鱼哥尼流》,里面讲了和那差不多的事。当然,瑞妮是用另外一种方式来处理的。她把自己的感受告诉了乔纳森,然后他说了'对不起'。"

"其他的鳄鱼没说'对不起'啊。"柯芮提醒大家。

"但是乔纳森说了,也许他明白了瑞妮是想教大家一起做手工。如果哥尼流也试着教他的朋友们站着走路,你们说,朋友们对他的态度会不会好一点?"

每个孩子的表情都很疑惑。珍妮摇了摇头,说:"不会,

《鳄鱼哥尼流》内文图

因为蒂科的朋友和哥尼流的朋友也是朋友。"

这个说法非常出乎我的意料。"小鸟和鳄鱼？可他们是在两本不同的书里啊！"

"珍妮说得对。"瑞妮说，"瞧，鳄鱼们也一直觉得哥尼流很想变得比别人好，和别人不一样。他们一直说'那又怎么样'，他们习惯这么说了。"

"可是他们不会改变吗？"

再次让我大吃一惊的答案来自沃特，他坐在地毯边上。这是个很少当众发言的孩子。"书里的人永远都不会变的。"说话的时候，他害羞得红了脸。相信放学后，他会用波兰语将这番对话一字不漏地讲给他的父母听。

"那么，沃特，那本书里的小鸟能和这本书里的鳄鱼成为朋友吗？"

"当然可以！当然可以！朋友是一样的，李欧·李奥尼书里的朋友都是一样的。"

"沃特的意思是说，虽然一个是小鸟、一个是鳄鱼，但他们的做法一样。"瑞妮想知道自己是不是把沃特的想法表述清楚了，沃特用力点点头。

"好吧，"我接着说下去，"假如哥尼流和蒂科跑到了阿佛的书里，阿佛的朋友们会认同哥尼流的绝活，也会同意蒂科长金翅膀吗?"

瑞妮跳起来,跑到我身边,说:"李欧·李奥尼肯定会让这样的事发生!我们可以写信问问他!"

"问什么?"

"问他想不想改变蒂科朋友们的想法呀。问了以后就明白了。我们写信问问吧!"

她的建议打破了班里的宁静,所有的孩子都凑过来。就连很少和我们一起听故事的奥利弗都跑到了地毯上。我打开记事本开始写道:"亲爱的李欧·李奥尼……"所有孩子都看着瑞妮,她仍旧站在我身边。

"告诉他,佩利老师希望蒂科能够留下金羽毛,她为他的朋友们不许他有金翅膀烦恼极了。再问问他,可不可以也改变一下蒂科的做法。"

教室里安静下来。谁能想到我们会写这样一封信呢?沃特走到瑞妮身旁。"太好了,太好了。"他边说边兴奋地点头。

"我们还要写别的吗?"

"告诉他……因为,呃,如果蒂科的朋友们,嗯……比如说……希望自己能有一双银翅膀,蒂科就会说:'哦,太好了,你身上的银翅膀真漂亮。'"瑞妮嘱咐完毕。

放学之后,我和妮莎一边等着茶壶中的水烧开,一边重新读了一遍写给李欧·李奥尼的这封信。"你说他会回信吗？"她心存疑虑。

"哦，我只能肯定一件事，他肯定从来没收到过这样一封从幼儿园寄来的信。"

"对，这封信有回信的价值。"

"从另一方面来看，妮莎，也许把真的李欧·李奥尼引进来，不见得是件好事。如果他回信了，可能会改变我们的看法，得出我们不乐意见到的结论。可如果他不回，孩子们的积极性就会受挫。"

奥利弗

"妈妈,来见见奥利弗!"瑞妮拉着妈妈挤过早早进校的同学,来到一个皮肤苍白的金发男孩身前,这个男孩弯腰驼背地站在七零八落的纸堆中间。"记得我跟你说过他喜欢画小兔子吗?"

瑞妮知道,奥利弗听见她妈妈(威伦斯太太)打招呼也不会抬起头来。她也知道,其实他并非只画小兔子,他还会画一个属于自己的名叫"沙沙玛"的幻想乐园,里面的居民编织着自己的故事。碎屑、纸片散落在整张桌子上。对奥利弗来说,沙沙玛乐园远比我们要真实。

在奥利弗小天地的一隅,兔妈妈推着坐在婴儿车里的小兔比利散步;在另外几幅画里,兔子理查吹气球、拍皮球、骑独轮车,不亦乐乎。画纸有多大,故事就有多大。奥利弗眼下正在画的这幅差不多和画架一样大,他用水彩笔刷刷刷地描绘着快速发展的情节。他笔下的兔子们彼此注视,可是奥利弗自己从不看我们。

奥利弗对日常的寒暄丝毫不感兴趣。可是,如果有人问起他的兔子,他便会展开一个故事,滔滔不绝地讲解每一个细节,根本不容别人打断。我和其他孩子只能在一旁看着、听着、等着。短暂的平静后会紧跟让人绝望的爆发,让教室的活动中断,这些我们早已司空见惯,威伦斯太太很快也会经历。

瑞妮却很欣赏奥利弗。她头一个开始模仿他画兔子,甚至比爱上李欧·李奥尼的小田鼠还要早。也是她头一个发现奥利弗只用一种颜色画画,而且绝不理会以"为什么"开头的提问。

"奥利弗,为什么你画的兔子全是蓝色的?"有一天坐在旁边看他画画时,她问道。见他没有回答,她便又问了一遍:"为什么你只用蓝色的水彩笔?"她仍然没有等来答案,于是瑞妮宣布:"奥利弗不喜欢别人问为什么。"过了几个月,一位心理医生也告知了我们同样的结论,可第一个发现的人是瑞妮。

"奥利弗,你和我妈妈说说,甜心今天怎么样?"瑞妮问。

这回奥利弗答得很快："今天是甜心的生日。"甜心和她的哥哥理查是沙沙玛乐园的主角，不管乐园里发生的事是好是坏，故事的开头永远都是"甜心和理查今天很高兴"。

瑞妮和妈妈刚拉过椅子在奥利弗两侧坐下，他就开始滔滔不绝地讲述自己精心构想的故事了。奥利弗的声音清晰有力，他的爆发来得毫无预兆。我应该事先提醒威伦斯太太的，她正仔细地听着奥利弗说的每一个字。

"这时兔妈妈拿了一个蝴蝶结，系在甜心的耳朵上，理查穿了一件新的条纹外套。"暂时一切正常，不管是故事里还是故事外，可是我越来越紧张。

布鲁斯坐在对面，一面听奥利弗讲故事，一面试图吸引威伦斯太太的注意力。他希望她欣赏自己的手工"危险火山"——即将喷发的"火山"。只见紫色的"岩浆"迸发出一道越来越大的弧线，一滴紫色的圆点忽然溅到了奥利弗的画纸上。"哎哟，对不起。"布鲁斯道完歉屏住呼吸，可惜已经太晚了。

奥利弗尖叫着、怒吼着，看起来很痛苦。"啊啊啊啊啊！不公平，不公平，布鲁斯讨厌我！啊啊啊啊啊，别看着我，走开走开，我讨厌你！"

奥利弗歇斯底里地将所有够得到的东西全都扫到地上；

水彩笔、蜡笔、纸、剪子纷纷掉落。在踢倒椅子之后,那怪兽一样的吼声变得更大,他边吼边跑到手工台的长凳后面躲起来。真希望这个他经常用来"疗伤"的地方离门口别那么近。他的吼声走廊里都能听见,也许还能穿过大班一直传到图书馆。刚开学那会儿,大家还会跑到大厅里,担心出了什么事,可是现在已经习以为常,知道是奥利弗又跑进他的避难所了。

威伦斯太太明显受到了惊吓。"没事的,妈妈。"瑞妮说,"那是他的藏身处。"

我们静静地坐着,等着他平复激动的情绪,而不是像以前那样追过去安慰他或试图引开他的注意力。"不要不要不要!走开!"不管谁去,他都会这么说。他希望一个人静静地待着,平复那些最普通不过的事情给他带来的莫名恐慌,比如衣服上蹭了点颜色,或是在操场上和别人发生误会。"我会挨骂的!他们讨厌我,我不听话,对不起对不起对不起,我不乖,对不起对不起对不起!"

"我们没这么说啊。"孩子们通常会这么为自己辩解,可这并不能帮他冷静下来,唯一的办法就是离我们远远的。"不能是别的地方,"不管什么时候他发作起来,瑞妮都会这么说,"他只会去那里,所以那里一定是他的'藏身处'。"有时候她在手工台钉东西，一旦奥利弗跑过来，她就会放下手里的锤子，等着奥利弗慢慢平静，自己走出来。我们读了《田鼠阿佛》之后，瑞妮就将这个地方命名为"藏身处"，而当这里变成"奥利弗的藏身处"之后，他这种极端的举动似乎也没有那么可怕了。

没有人责怪布鲁斯，可他已经眼泪汪汪的了。"我不讨厌奥利弗，我没这么说过。"他对威伦斯太太说，威伦斯太太听了马上抱紧他。"当然，亲爱的。"她小声在他耳边说着，同时向我和妮莎投来疑惑的眼光。

"不用担心，妈妈。"瑞妮向她再次保证，"他没事了，很快就会出来。"威伦斯太太勉强挤出一丝微笑，可仍然面带忧色。我刚想走过去安慰几句，奥利弗忽然跑了回来，拿起他的画，用手盖住打断故事的那块显眼的紫色。除了他那涨红的脸和脏兮兮的脖子，似乎什么事都没有发生过。

"对不起，我弄坏了你的画。"布鲁斯说道。可是对奥利弗来说，这件事已经过去了。他继续讲他的故事，只是声音微微小了一点。

"其他的小兔子为甜心带了生日礼物。"他用手指着其他的兔子，数着每一个礼物，"露露带了胡萝卜，贝丝带了花皮球，爱德华手里拿的是棒棒糖。可是后来发生了很不幸的事，凶猛的老鹰抓走了小兔莎莉，她一直大喊'救命啊救命啊'。"

是否有人注意到，小兔莎莉喊救命的口型和奥利弗大喊的时候很像呢？奥利弗讲故事的时候，表情一点也没变过，也没抬起头看他的听众，就好像我们全都不存在一样。"兔妈妈听见了，立刻飞到老鹰的巢穴里推开他，还大喊道：'你居然敢、居然敢偷我的宝宝！'然后，她就带着莎莉回去继续过生日，还送了甜心一本书。"

接下来，奥利弗的举动十分出人意料。他拉起瑞妮的手，将它按在小兔莎莉手里的那本迷你书上。瑞妮凑过去仔细看着，笑起来。原来他在那本书的封面上画了一只小老鼠，老鼠身上还有一个字母F。"谢谢你，奥利弗。"瑞妮说完，把画举起来，让她妈妈看上面的阿佛。"你知道吗，妈妈，奥利弗又让我想起了李欧·李奥尼。"

"瑞妮，为什么？"

"嗯，你看，他原来一直画兔子，兔子，兔子，而且好像每只兔子都知道自己要干什么。嗯，他根本没想过其他东西，他只喜欢兔子，心里一直都想着兔子。可是现在，奥利弗也认识阿佛了，他知道我有多喜欢阿佛。"

威伦斯太太端详着女儿热情洋溢的脸，又看了看坐在桌子旁的其他人。终于,她的目光落在了奥利弗身上,奥利弗低着头,正在聚精会神地画一幅新的画。"我认为奥利弗更像阿佛,而你们都是看着他、等着听他讲故事的田鼠朋友。"

奥利弗被贴过很多标签,可是从来没有这么文艺的。他终于从单调的心理学范畴里解脱出来,得到了聚精会神、一次只做一件事的"艺术家"称号,而我们要扮演的角色就是他的观众和粉丝。李欧·李奥尼总是能轻而易举地拉近人与人的关系,就连奥利弗都不例外。

家的故事

奥利弗没理会大家投来的目光，可是刚才送出的雅号令威伦斯太太重新找回了好心情。布鲁斯也很想重新稳固自己的地位，他跑到书架旁边，回来的时候手里举着一本《兔子乐园》(*In the Rabbitgarden*)，我们所有的李欧·李奥尼作品里，这是唯一以兔子为主人公的。"威伦斯太太，你快看！奥利弗画的兔子比李欧·李奥尼画的还好。"布鲁斯打开书，将书摊放在奥利弗画的兔子旁边，自己则小心地和那些画保持着距离。"你看，我说得对吧？"

威伦斯太太来来回回比对着说："你说得对，布鲁斯。奥利弗画的兔子更好玩，表情画得很生动，能看出来他们在想什么。"威伦斯太太很高兴，"瑞妮，你来看看兔妈妈的表情，她把老鹰推开的时候多生气啊。奥利弗，你真是一个天才画家。"

她说完也知道不会得到回应,于是转身对我说:"我现在可以开始讲故事了吗?"她今天来幼儿园是有特殊任务的,就是给大家讲故事。我们很希望所有的家长都能这么做,特别希望他们能讲讲自己小时候的趣事。

"瑞妮最近总把李欧·李奥尼挂在嘴边,"我们在地毯上坐好之后,她娓娓道来,"几乎每次吃饭的时候我们都能听到他笔下的故事,她也常常提起奥利弗。事实上,我们曾经误以为奥利弗也是李欧·李奥尼书中的人物。"

我和孩子们听了都笑起来,转头去看了看奥利弗。他背对着我们,坐在图书角那张小桌子旁边。看到这样的他,确实令我想起了盯着草地、采集词语和颜色的田鼠阿佛。李欧·李奥尼有可能在他的书里画奥利弗这样一个很容易受到惊吓的角色吗?这样的书很可能会被认为不适合孩子看。虽然班上这些无法和奥利弗交流的孩子,并不认为他不适合待在这个教室里。

威伦斯太太继续讲:"每当瑞妮试图把阿佛、蒂科、哥尼流和奥利弗带入家庭谈话中,我都会想起我弟弟。也就是你的乔伊舅舅,瑞妮。"

瑞妮微笑地看着妈妈,伸手去拉她的手。"乔伊很小的时候，我们住在密西西比的一个农场里。他有一头叫哈尼的小猪，不管他走到哪儿都带着它。当然，去做礼拜的时候除外。他甚至带着哈尼去上学。那是所很小的学校，一个班里，上到十几岁，下到几岁，多大的孩子都有。我妈妈，也就是瑞妮的外婆，是那所学校的老师。我们称呼她为埃蒂小姐。她一点都不介意哈尼也跟着来，甚至用乔伊的这头小猪来出算术题，比如说，她会问：'如果乔伊带着哈尼来上学，一星期来三次，我们怎么算出它一星期要走多少路呢？'有时她也要求我们以哈尼为主人公写一个故事，或画一幅画。"

"总之，乔伊张口闭口都是哈尼，哈尼这个，哈尼那个。如果有人问乔伊玉米什么时候熟，他的回答都是'哈尼冬天会吃很多玉米'。终于有一天，大哥汤姆斯实在是受够了，他很生气地对乔伊说：'你这个大傻瓜，除了那头蠢猪就不能想点别的吗？'他真的是这么嚷的，因为他太生气了。可是这个最小的弟弟抬起头——插一句，汤姆斯比我们都高，小乔伊不得不踮着脚——看着汤姆斯，吼了回去：'你这个大傻瓜，难道你不知道我能想这么多全都是因为哈尼吗？'"

"结果，就连汤姆斯都忍不住笑了。我爸爸对乔伊这种捍卫自己想法的勇气感到很骄傲，当时他不过五六岁而已，正是你们这个年纪。可是他明白，如果他一直以哈尼作为自己思考的主线，那么在想其他事的时候，也会不自觉地往这上面靠，和你们不管看见什么都能想起李欧·李奥尼是一样的。"

威伦斯太太忽然发现奥利弗就站在自己身旁。她伸手想要搂过他，可是他躲开了，只是将一张小纸片塞进她手里，上面画了一头身上写着字母 S 的小猪。

"谢谢你，奥利弗。"威伦斯太太的声音暖暖的，"可这个字母 S 代表的是……"

"甜心！"我们一起喊。

天色已晚，我和妮莎仍然在讨论，谁都没有下班回家的意思。"威伦斯太太也掉进了我们的网里，你不觉得吗？"我说，"她很自然地就将乔伊对待哈尼的方式、她妈妈对待哈尼的方式，与我们对待李欧·李奥尼的方式联系在一起了。"

"对，与其说是掉进了网里，不如说是替我们又剥开了一层李欧·李奥尼的谜团。"妮莎回答说，"李欧·李奥尼的书，我们已经读完五六本了吧？每读完一本新的，再加上相关的讨论和活动，我们对之前书中人物的理解便加深一层。"

"没错，如果没读过哥尼流和阿佛的故事，我们就没法对蒂科有那么深刻的理解。"

"我敢打赌，薇薇安，你在听那些伟大史诗故事的时候，也会经历同样的过程。"

"什么时候你挑几个故事，也给我们讲讲？"

"不会等太久的，我保证。"妮莎神秘兮兮地说，"我妈妈可是个讲故事的高手。以前她每天晚上都会给我们讲哈奴曼的故事，有时候我连着好几个晚上都嚷着要听同一个故事，特别是情节悲惨、听了以后会忍不住哭的那种。"

两封回信

我们收到了两封回信,一封是李欧·李奥尼的亲笔回信,另一封是他的出版商写的,两封信放在一个信封里一起寄过来。我坐在办公室里,把这两封信读了一遍又一遍,心情染上了一丝沉重。

很遗憾,李欧·李奥尼因身体抱恙无法亲自一一回信,望您和孩子们谅解。
此致

克诺夫出版社编辑部

另一封信的信纸边缘处,画了好些小老鼠。

很高兴收到你的来信，对大家的建议表示衷心感谢。得知我的作品不仅孩子们喜爱，大人们也喜欢，这给了我很大鼓励去创作更多的作品。

我真想对所有喜爱我的读者的问题一一回复，遗憾的是，时间有限，且杂事缠身，请多多理解和原谅。

诚挚地祝愿大家阅读愉快！

李欧·李奥尼

我想起了被瑞妮贴上"李欧·李奥尼之盒"的那个纸盒，这盒子专门用来收集打印出来的问题和孩子们的画，原本想一收到李欧·李奥尼的回信就给他寄过去。"有回信了吗？"孩子们每天都问。现在，我该怎么告诉他们呢？

我冲动地拨打了印在信纸抬头上的出版社电话。响过两声之后，电话那头传来一个欢快活泼的声音，这是个好兆头。我快速地将事情经过说了一遍之后，问道："你能多告诉我一些关于李欧·李奥尼的事吗？孩子们很喜欢他，不是平常的那种喜欢，他们爱李欧·李奥尼所有的东西。我们班上有一个叫瑞妮的小女孩，她做梦都会梦见李欧·李奥尼。"

女编辑很和善。"我明白，"她说，"李奥尼先生现在住在意大利。他已经八十五岁高龄了，身体虽然不太好，但是仍然在创作。我见过他一次,觉得他长得和剧作家阿瑟·米勒很像。"

"啊,他戴眼镜?瑞妮梦见他长得很像阿佛,是一个田鼠阿佛式的人,很安静。"

"那就告诉她,说他是一个很安静的人,长得很像阿佛。"

我将两封信读给孩子们听,听完以后,教室里一阵沉默。"瞧,他身体不太好,所以不是每封信都会回的,不是只有我们会给他写信。"

"他不会来了,"珍妮说,"他快要死了。"珍妮两岁的时候,她妈妈因为罹患癌症永远离开了她。这不是她第一次对大人生病下这样的结论了。

"我在梦里邀请过他。"瑞妮盯着放在钢琴上的纸箱说。

"我们来读一本新的李欧·李奥尼的书怎么样?"我高声提议,"其实这本书出版很久了,只是我们一直没有读过。读完之后,我们再来想该怎么处置纸箱里的画和信。"

书读到一半的时候,瑞妮哭了起来,一开始只是默默地流泪,后来抽泣声在教室里此起彼伏地响起来,到处都是哭花了的小脸。柯芮搂着瑞妮,说:"你哭是因为他不能来吗?"

"我们有很多问题要问!"瑞妮大声说,"我们……我们……他和我们……我们不能……不公平！这不公平！"她跳起来，哭着跑到"藏身处"，避开别人的视线。

"瑞妮，出来好吗？你可以坐在我的腿上听故事。"

"我不想听！我不想听他的故事！"她的声音忽然变得温柔了些，"走开，奥利弗，我现在也不想看见你。"奥利弗是听见瑞妮哭了以后从教室的另一个角落跑过来的。他也钻了进去，挤在她旁边，就这样一直待到柯芮走过来，告诉他们该出去玩了。

小蓝和小黄

我们开始画哥尼流的海报时,瑞妮拿着蜡笔和画本跑到了玩具角。过了一会儿,我们一起表演《鳄鱼哥尼流》的故事时,她又跑去和奥利弗坐在一起,背对着我们。

这让柯芮很担心。她离开大家,走到好朋友身旁。"你还喜欢阿佛吗?"她问道,就好像在说:所有人你都不理了吗?

"别提这个。"

"你可以像哥尼流那样,"布鲁斯坐在地毯上喊,"他不介意自己有没有朋友。"

"猴子是他的朋友。"瑞妮忘了自己还在生气,提醒他说。布鲁斯和乔纳森此时也跑过去,和她坐在一起。

看来《鳄鱼哥尼流》的演出泡汤了。没有了瑞妮,似乎一切都进行不下去,她是连接我们和李欧·李奥尼的纽带。

"嘿，瑞妮，你知道吗？"乔纳森说，"我妈妈才是真正的哥尼流。我哥哥跟她说不想拉小提琴，因为那样他就没有时间和朋友一起玩了——他们全都在外面玩呢！可是我妈妈说：'如果他们不理你，你就去找别的朋友玩。'"

"那他找到别的朋友了吗？"瑞妮很好奇。

"还没有，是刚发生的事，我不知道他原来的朋友们是不是不理他了。"

午饭过后，我决定换一种方法提起李欧·李奥尼，因为现在他已经成为一个切实存在的人了。瑞妮挑了个离地毯有段距离但是够看清书的地方坐下来。"这本书我们昨天才讲了一半，《小蓝和小黄》。我说没说过这是他画的第一本书？他画这本书的时候，已经当上爷爷了。"

令人颇感安慰的是，我想起自己和李欧·李奥尼有个共同点：我们都是在五十岁以后才出版了自己的第一本书。二十年后我将会是他现在的年纪，而他还在努力创作，这让我深受鼓舞。"哦，对不起，孩子们，我走神了。"

"在想什么？"瑞妮问道，她已经来到地毯边了，带着一副好奇宝宝的表情，"你刚才在想什么？"

"我在想，写书这件事，永远不嫌晚。李欧·李奥尼那时已经当爷爷了，而且正是为了孙子孙女他才开始画绘本

《小蓝和小黄》
明天出版社出版

的。他们当时在火车上,火车要开好久好久。为了让孩子们安静,他开始画画——就是这本书里这些有颜色的图形。他给它们起了名字,一个叫小蓝,一个叫小黄。然后,他就开始讲小蓝和小黄的故事。后来他把这个故事画成一本书,结果大受欢迎。此后,他就开始又写又画给孩子们看的书。"

瑞妮靠得更近了。"他以前是干什么的呢?"

"给别人设计广告海报,画得还很不错呢,得过好多大奖。可是他并不开心。"看得出来,瑞妮听得有些糊涂。"还有什么问题要问吗,瑞妮?"

"你是怎么……这些事是谁告诉你的?"瑞妮的表情像是觉得自己被耍了。忽然冒出来这么多背景资料,显然比编辑回信上的内容多得多。

"哦,对不起,我应该早告诉你。图书馆里有一本书叫《有关作者的一些事》,里面讲的全都是童书作家的故事。我查了有关李欧·李奥尼的部分，就是刚才讲给你们听的那些。"

说完，我开始讲《小蓝和小黄》，结果惊讶地发现这本书并不合我的胃口。两个颜色块一个叫小蓝，一个叫小黄，他们是玩伴。有一天，他们两个拥抱了一下，两种颜色混在一起就变成了绿色，结果两家人全都不承认他们是自己家的孩子，将他们赶了出去。两个好朋友各自流下了蓝色和黄色的眼泪，结果又变回了自己。最后，两个人高高兴兴地各回各家，而他们的家人也知道了：和别的颜色混在一起也挺好。

我第一次看这本书大概是二十年前，当时只觉得这是一本很简要、很艺术的书，也许还巧妙地传达了种族和谐的理念。可是现在看来似乎并非这么简单。

在我读的过程中，很明显瑞妮没法老老实实地坐着。她一直在毯子上爬来爬去，喃喃自语。终于，她忍不住了："不可能！爸爸和妈妈不可能认不出自己的孩子！"

瑞妮瞪着我，我从没见她这么生气过。"抱一下也不可能改变自己的颜色！我和柯芮就抱过，可是我们的颜色一点都没变！"

瑞妮的反应把我吓了一大跳，我急忙安抚她的情绪："也许这里说的只是颜色的故事。你看，如果我们把蓝色和黄色调在一起，最后调出的不就是绿色吗？"

瑞妮摇着头，奇怪我怎么会这么天真。"这两个肯定是人，不然他们怎么会拥抱？"她说着说着，慢慢冷静了下来，"如果你想要颜色互相拥抱，就必须先假设他们都是人。人拥抱的时候是不会改变颜色的。"

"那么，是他错了吗？"珍妮问，"李欧·李奥尼说错了？"

瑞妮深吸一口气站了起来。"瞧，问题就在这里。他太老了，他的身体太——不太好，他弄错了，就这样。就是一个错误而已。"

"这么说，你还是很喜欢他的喽？"珍妮说出了所有人的疑问。

"当然，很喜欢。"教室里的人全都松了一口气。如果瑞妮不再喜欢李欧·李奥尼，那将是什么样的情形，我们难以想象。

第二天在去体育馆的路上，瑞妮拉住我。"李欧·李奥尼不会来了，"她说，"他年纪太大了，和我的曾祖母一样，老了。她现在哪儿都去不了。"

"是这样的，瑞妮。但是，阿佛永远都不会老。"

她的小脸亮了起来。"哦，太好了！哦，太好了，啦啦啦啦！"她在我身旁又唱又跳,"啦啦啦啦,故事开始了,啦啦啦啦,田——鼠——阿——佛!"

她从后面挽起布鲁斯的胳膊。"布鲁斯,快听。啦啦,啦啦,故事开始了,啦啦啦啦,田——鼠——阿——佛。"

布鲁斯打了个响指。"酷!嘿,我们一起唱!"孩子们就这样一路唱到体育馆,手拉着手,大声地哼唱着。"啦啦!啦啦!故事开始了!啦啦!啦啦!田鼠阿佛!"

我心里想的却是另外一件事。瑞妮和李欧·李奥尼展开了一场大对决。起先,她认为他违背了在她梦里的诺言,随后她反击似的否定了他第一本书的内容。神奇的是,最后雨过天晴,瑞妮在两个极端中找到了一个很好的平衡点。总而言之,啦啦啦啦,她是一个能诠释作者的读者。

一寸虫

我们擅自闯入作家的私人世界,被推出来是理所当然的。我早就应该料到这个结局。大学时期,老师告诉我,要研究伟大的思想家,最好的办法就是研读他的著作,并且忽略其大部分生活细节和别人对他的看法。我们要与他对话,在老师的帮助下讨论他的观点,最终提出自己的问题。但就我而言,常在许久之后才能产生疑问。显然,我需要一堂课接一堂课地聆听孩子们的心声,然后才能理清自己的想法,表达自己的疑惑。

放学之后,我回到图书馆打算挑一本书看,随便哪本,只要不是李欧·李奥尼的就好,可最后还是一头栽进了《有关作者的一些事》。我重新看了一遍他的生平简介,其中一段内容引起了我的兴趣。在处女作出版一年后,他的第二

《一寸虫》
明天出版社出版

部绘本《一寸虫》也顺利付梓。他是这样阐释这个软弱可欺的小虫子背后的意义:"我要生存,我也果真靠着告诉大家一些他们并非必须了解的事活了下来。而这就是一寸虫所做的事,他智慧地生存了下来。"

我有点跃跃欲试。这是我头一次听到李欧·李奥尼本人对自己作品的解读。我从架子上取下一本很旧的《一寸虫》,在得知作者的意图之后,书看得很快,因为没有太多悬念。

一条一寸长的小虫子(我认为是李欧·李奥尼)说服了众多的鸟(很显然是那些广告商)不要吃自己,因为他可以帮他们度量嘴、尾巴、脖子和腿的长度(用文字和图片来描绘产品)。可是,当夜莺坚持要他量自己的歌声(即一些极端的客户要求夸大或者美化自己的产品,甚至欺骗消费者)时,一寸虫边假装量着它的旋律,边一寸一寸地从它眼前跑掉了(由于受到这些苛刻条件的不断逼迫,李欧·李奥尼最终辞去了自己的工作)。就是这样，故事从头到尾都很有趣，可是如果作者不说，谁都猜不透故事背后的含义。

如果孩子们只看文字和图画，听完《一寸虫》的故事后会有何感想呢？他们会比作者理解得还要深刻吗？就像瑞妮听完《小蓝和小黄》之后的反应那样？

只消一两页，孩子们便发现一寸虫比他的天敌们聪明许多。看到他从夜莺眼前溜走之后，所有人都哈哈大笑。我趁机问道："可是为什么这些鸟这么好骗呢？你们不觉得应该有那么一只鸟，它铁了心，无论如何也要把他吞进肚子里吗？"

我的嘲讽令孩子们大吃一惊。"可那些鸟喜欢他！"乔纳森说，"他是鸟的好朋友！"

"说他是鸟的朋友，是因为他为了保命替他们测量吗？"

瑞妮笑了起来。"那是因为鸟没办法自己量！"她用鼻子在胳膊上拱了拱，好像在量胳膊的长度，不过她及时打住，免得忘了自己要说什么，"你知道吗？歌声也是可以量的，他可以把那首歌写下来，就像我们的钢琴老师那样。除非一寸虫办不到。"

李欧·李奥尼也许早就有办法既不出卖自己的灵魂，又能哄客户高兴。也许我也能有办法既量出我同事们的歌声，又不必自己停止歌唱。如果你是哥尼流或者阿佛，妥协就不在选择之列了。孤独与否，总有些人在被要求遵照别人的标准行事时，能一寸一寸地爬出"森林"——或是教师办公室。

就在我心里纠结的时候，布鲁斯忽然在书里找到了自己的影子。"对，他根本就不想做这种傻了吧唧的测量！他不喜欢这么做，所以一直都不高兴！"布鲁斯看着我，露出非常难过的神情，"就好像我不喜欢什么'看图作文'，可是你一直说'试试看，也许会觉得有意思呢？'结果我从来都不觉得有意思，而且我连自己的画都画不好了，根本没法想自己要画什么！"

那么，这本书折射的便不再是李欧·李奥尼的故事，也不再是我一个人的故事了。它说的是布鲁斯的故事。他在看图作文中自创的那首"红妖怪，哪里跑；蓝妖怪，哪里跑"的歌谣，可能被武断地认为不适合搭配那幅指定图画。可我应该比书里的夜莺聪明啊。确实，我曾经在布鲁斯和好多孩子身上看到过，强制他们完成一些写作要求会令他们焦虑和紧张。此外，当我为了迎合他人的期望而妄顾客观现实时，孩子们也会受到消极的影响。

我向布鲁斯露出一个大大的笑容："谢谢你和我们分享

你的感受，布鲁斯。这样好了，你先暂停写作，嗯，到你想写的时候再写，怎么样？也许你能发明一种新的写法呢？"

布鲁斯也回了我一个微笑，瑞妮高兴地捶了他一拳，唱着"哪里跑，哪里跑，抓住布鲁斯，看你哪里跑"！

"嘿，停下，瑞妮，我正要说话呢！"不过，他的眼中透露出一种胜利的喜悦。这条一寸虫再次成功地逃出了森林。

晚上，我和妮莎一起走回家，妮莎说："虽然比你和孩子们慢一些，但我也开始感受到我们大家建立起的这种新关系。今天早上我给孩子们读了'彼得兔'，昨天讲了非洲的民间传说'阿南西蜘蛛'，结果都能让他们想起哥尼流和一寸虫。瑞妮还说：'可是李欧·李奥尼从来都不觉得谁淘气。'我就问她：'那他是怎么看自己书里那些角色的呢？'这类问题我以前是绝对不会问的，因为我觉得它太抽象，可是现在问起来很自然。结果，真的有孩子答得出来。

"安妮塔说李欧·李奥尼觉得蒂科和阿佛都是很特别的，阿尔尼说彼得兔也很特别，也可以进到李欧·李奥尼的书里。可是想得最明白的还是瑞妮，她说，你必须遇到很特别的问题，才能被收进李欧·李奥尼的书里。

"还有，你知道吗？我甚至不自觉地提到了哈奴曼的故事。"她笑着看我吃惊的样子。

"太好了,妮莎!可惜我当时没在。"

"别担心,也许我还会讲的。我告诉他们,对我来说,哈奴曼很像蒂科、彼得兔、哥尼流和阿佛的合体,这个小猴神也有很特别的问题需要面对。什么问题呢?孩子们都很好奇。

"我就告诉他们,大家都认为哈奴曼很淘气,这是问题一;问题二,他自己有一点小法力,可是又不知道该用来干什么好;最大的问题是他想和太阳一起玩。就是这样一个很特别的故事。"

"把所有故事都串在一起,这种感觉是不是很好?"到了拐弯处要分开时,我问她。

"对,不过并非我有意要把它们串在一起。事实上,更像是一种思维发散,或许还会让我想起一些遗忘多时的东西。"

日 常

一寸虫应该想法子量一下瑞妮今天讲的故事。其实，我好像真的看见他在一拱一拱地爬着量了。"很久很久以前，啦啦啦……"她向柯芮咧嘴一笑，接着往下唱，每到"啦啦啦"她都会停顿一会儿，"有一只小鸟叫蒂科……有一条鳄鱼叫哥尼流……还有一个小女孩叫蒂西……他们住在一起……在森林的小木屋里。"她在纸上栩栩如生地画着棕色的小老鼠，而我在一旁奋笔记录下她的歌词。我们的手以相同的频率移动着，两个左撇子都小心翼翼地，免得撞到一起。

"蒂西不是去过你家的那个表姐吗？"柯芮问道，"脑袋上有好多小辫子的那个？"

瑞妮点点头，但是嘴里并没有停。"他们住在一起，有一天，有个迷路的公主来到门外。'咚咚咚，我能住在这里吗？''当然可以，因为我们两个其实是亲姐妹！'后来彩虹出来了。"

她伸手在柯芮的小本本上画了一只小老鼠。柯芮拿出一支蜡笔，在旁边写上了"啦啦啦"。这是她们自己的小游戏。

瑞妮刚才唱的李欧·李奥尼之歌，似乎和这个挂满李欧·李奥尼作品海报的教室非常般配。孩子们已经画过李欧·李奥尼九本书中的场景了。我们午休时最喜欢玩的一个游戏，就是看着墙上挂的画，将书名有节奏地念出来：《蒂科与金翅膀》，啦啦啦，《鳄鱼哥尼流》，啦啦啦，其他的还有《田鼠阿佛》《鱼就是鱼》《小蓝和小黄》《一寸虫》《小黑鱼》《亚历山大和发条老鼠》，以及《世界上最大的房子》。

有时我们尝试背出每幅海报完成的顺序。在这方面，孩子们可比老师厉害。"嗯……阿佛是头一个……蒂科是第二个，第三个就是哥尼流……"

李欧·李奥尼的书，下一本要读什么完全是随机选的，可是每本我们都看得同样认真。我们先把书读得滚瓜烂熟，几乎可以倒背如流，然后排成短剧表演，画成海报，讨论最喜欢的地方，将新的人物和以前的做对比。书里的人物闯进了我们编的故事、我们演的短剧、我们的日常谈话。

"假如我们迷路了，而我是蒂科公主，这时忽然冲出来一条可怕的金枪鱼……"这条巨大的金枪鱼是小黑鱼的天敌，孩子们已经把他设定为各处适用的大坏蛋。乔纳森最近讲的一个故事就是以"后来恐龙战队打败了大金枪鱼，将它踢得粉碎"而结尾。

从第一次读，到最后画成海报，一般总共要花上一个星期的时间，有时是两个星期，这取决于我们的忙碌程度。因为孩子们要过生日，学校有假日，会有客人来访，还要腾出时间来教点别的，比如数学、科学常识、写作、美术、音乐之类的，还要有玩游戏的时间，这些都是要纳入幼儿园教学课程中的。而且，我们还要保证每天读一本别的作家的书。可是对我来说，李欧·李奥尼仍然占据着最主要的舞台，活跃在孩子们自己的故事和游戏里。我和奥利弗有点像，就如瑞妮对她妈妈描述的那样——"他只想着兔子，无时无刻不在想"。

我也曾扪心自问：如果不是瑞妮对阿佛的执着，以及我自己无法接受蒂科不被认同而偏执地追根究底，仅凭我自己，能不能够、可不可以设计出这样一套教学课程？我和瑞妮都不是遵从"凡事中庸而行"的人。瑞妮想要的是激情：载歌载舞的棕皮肤小女孩、爱做白日梦的小田鼠、从鹰巢里救出兔宝宝的兔妈妈、与兄弟姐妹同住并养了条鳄鱼当宠物的公主姐妹花，还有能一起涂颜色、一起拥抱、一起说悄悄话的好朋友们陪伴左右。

  我也希望能有一个这样激情四射的教室。我希望与一群全神贯注的老师和孩子一起，去倾听彼此的梦想，去创造新的世界，创造才能有活力。我要的不只是一个充满未知的课堂，我更想要一个能不断创新的课堂。

沃 特

楼道里响起脚步声,我们知道瑞妮从图书馆跑回来了。"沃特!沃特!"她喊着冲进屋,手里晃着一本书,"快看,沃特,和你的一样。快,拿出你的小本本!我有东西要给你看!"

沃特手忙脚乱地跑去拿图画本,我们全都聚在瑞妮周围。她手里拿的是李欧·李奥尼的绘本《佩泽提诺》,里面所有的人物都是小色块组成的。瑞妮这么兴奋的原因显而易见,《佩泽提诺》里的插图和沃特的画很像。

他的本上涂满了这种连在一起的小色块,而描画这些并没给他带来快乐。事实上,他把这些画当成了证据,证明他画得确实没有其他小朋友的好,再加上因讲不好英语而产生的自卑,对他来说更是雪上加霜。

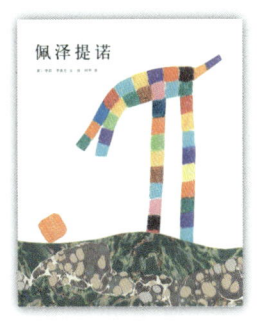

《佩泽提诺》
南海出版公司出版

"我做不到。"每当我请他讲个故事,或者画幅画的时候,他便会这么回答我。我把他安排在瑞妮旁边,可是他说话的声音很小,我很难听到他们在说什么。他一边给瑞妮为他画好轮廓的李欧·李奥尼的小田鼠上色,一边认真地听着她背诵从图书馆看来的内容。如果我要提点建议,他就会有抵触的情绪,好像我正要将他引入陷阱。

沃特是刚从波兰移民过来的。他的波兰语很流利,可以读他爷爷奶奶从华沙寄来的小书,然后还会自己写感谢信。从这个角度说,他比这个班里所有孩子的语言水平都要高,可是比起班上那些自信的小演说家和小画家,他的自我评价低很多。

佩泽提诺(书中叫小P)遇到的也是同样的问题。他是一个橘色的小方块。可是在他住的地方,别的家伙都很有能耐,他们的名字正显现了各自的本领:飞毛腿、大块头、游得快、山顶汉等等。"我是你的一小块吗？"他问自己遇到的每个人，他们的回答都含糊其辞。("'我是你的一小块儿吗？'他问大块头。'要是我有一块儿不见了，怎么还能这么强壮？'大块头回答。")终于，智多星指点他去砰砰岛，结果他从碎石堆上摔了下来，碎成了好多小小块。他把碎块重新聚合，终于明白了自己和别人一样，也是由好多小块组成的，根本不是别人身上掉的一小块。("'我就是我自己！'他满怀喜悦地大喊。")

我非常气恼，认为小P不应该得到那么傲慢、冷漠的对待。"我们不想跟你一起玩，"他的那些朋友似乎在说，"我们和你这种简单的小块根本没有共同点。""他们为什么要对小P那么不友好？"我问，"至少可以先想一想他和自己是不是同类吧。"

"他是同类啊，"安妮塔说，"那些是他的长辈。"

"他的家人？"

"当然，"乔纳森补充说，"他什么都不会，是因为他还小。"

瑞妮也同意："飞毛腿是爸爸，游得快是妈妈。其他人都是他家的亲戚。"

"那为什么他们说话那么刻薄？"我问道，可是没人支持我的看法。他们说，小P的家人不是刻薄，因为他实在太小了；这不是一个关于同龄人的故事，这故事说的是一个小孩生活在成人世界里的劣势，到处都是已经长大、可以自给自足、什么都不缺的成年人。他们不需要小不点来填补空白的地方。（"'你想，要是我有一小块儿不见了，怎么会这么有智慧？'智多星回答。"）

也就是说，如果沃特是小P，那么一定是老师让他觉得自卑。他和布鲁斯一起下象棋，和阿尔尼一起在外面跑，在需要人扮演王子的时候，也同意瑞妮用头巾缠住他的头。他还趁柯芮坐在沙堆旁边的时候请教她怎么抱娃娃。大家都很喜欢他。只有和我在一起的时候，他才会变得畏畏缩缩、磕磕巴巴。

我曾经正视过沃特画的那些小块吗？瑞妮意识到沃特笔下的小块在艺术上的完整性，把沃特比作李欧·李奥尼。他那句"我做不到"只在有人要教育他的时候才能听到。而这时的他，更像小P。

李欧·李奥尼刻画"低人一等"那种感觉的技巧简直出神入化。小P其实就是每一个刚刚进入这个班的孩子。"我属于这里吗？有人关心我吗？"也许小P去的那个砰砰岛实际上就代表学校，孩子们全都碎成一块一块，这样成人才得以观察、贴上标签、将他们分门别类。然而,经过了这样的分解,孩子怎么可能再变回完整的一个?

"你们觉得李欧·李奥尼说的是现实中的孩子吗?"我把这本书又给他们念了一遍,然后问道,"也许他的孙子在学校里也会觉得很渺小、孤独?我一直在想,砰砰岛是不是像学校一样的地方。"

"那里到处都是石头。"凯文提醒我,"没有老师的地方怎么会是学校呢?"

可我认识许多像石头一样的老师,没有人能说服他们,或者改变他们的做法。有时候,我也是那样的老师。这段

《佩泽提诺》内文图

日子我经历的每一次心灵之旅似乎都是向内的,通往我藏在心中的回忆和遗憾。李欧·李奥尼也可以将我画进书里,起个名字叫"想当初",或者换个更好听点的,叫"后悔药"。

《佩泽提诺》现在变成了"沃特的书"。瑞妮达成了心愿。她和其他孩子一起,在本本上画"沃特的小块"。好像他也曾问过大家:"我是你的一小块吗?"他们则回答:"是的,有你我们才完整。"

我站在沃特身后,看他在本子上涂涂画画。他一直在写形状很奇怪的字,一遍又一遍,直到写满了整张纸。我看了一会儿,才认出来他是在拼自己的名字——他的大名,而且全都是大写字母:WLADYSLAW。

"你的名字用波兰语怎么说?"我问。

"瓦迪斯瓦夫。"他柔声说。他提高声音,又说了一遍:"瓦迪斯瓦夫。"字母 L 发"瓦"的音,而 W 发的是"夫"。沃特拿出自己的一小块,给我看。不对,是他把我身上掉下的那一小块还了回来。

进一步思考

一如往常,第二天,我们对这本书的讨论有了很大不同。我们又读了一遍《佩泽提诺》,然后按照全新的"李欧·李奥尼形式"表演出来。比如说,今天我们把所有人分成两组,像合唱团那样,一组扮演小 P,另外一组轮流扮演其他的角色。我们用胶带在地毯上分隔界线,两队人马分别站在界线的两边。

大块头对小 P 说:"要是我有一小块不见了,怎么还能这么强壮?"这时布鲁斯又加了几句,把问题说得更透彻:"这是因为,要是我有一小块不见了,我就坏了,不可能这么强壮。"

珍妮也是大块头队的,她提出了异议:"我们只是这么觉得。我们其实很害怕检查自己身上是不是掉了一小块,也许我们应该查一下,布鲁斯。"

瑞妮被分在小P那一队,她跨过界线,说:"你们全都认为自己比我们强,因为你们从没掉过任何一块,可那又有什么了不起?"

"好吧,我改主意了!"珍妮大喊,"我发现我身上真的掉了一小块!真的!我会老实地告诉小P的!"

我们的主人公小P不再是站在人群外等着被人认可的小可怜,而是真理的使者。他让人们明白了,小P需要他们,而他们也同样需要小P。这个故事终于有了个圆满的结局。

小黑鱼

"蒂科的生日到了,他满怀喜悦地大喊。"瑞妮自己编的故事已经画到了第三页。今天是她的生日,所以她可以多画几张,而平时我们会把故事限定在一页之内。

"满怀喜悦地大喊,"我一边说一边记下来,"这是小P做过的事。"

"我知道。你知道吗,埃蒂外婆要来给我们讲故事。她什么时候到呢?爸爸和妈妈要上班,来不了,所以我真正的生日在晚上。不过妈妈已经做好了蛋糕,我还帮她做了要带到班上来的纸杯蛋糕。外婆怎么这么慢?"瑞妮越来越兴奋。为了生日,她特意换了新发型,编了许多小辫子。她不时地跑到走廊上去看外婆怎么还没来,而那些小辫子似乎也在满怀喜悦地歌唱着。

《小黑鱼》
南海出版公司出版

"她马上就到了,瑞妮。"我喊她,"过来选一本你想看的书。"作为小寿星,不仅可以讲很长很长的故事,还有权决定我们要表演哪个故事、玩什么游戏以及唱哪首歌。

"我早就想好了。"瑞妮蹦蹦跳跳地跑到书架边,挑出《小黑鱼》跑了回来。"我演小黑鱼,"她说,"你们可以演别的鱼。"瑞妮挑的这个角色,是李欧·李奥尼所有作品里最具英雄色彩的一个。不过,在听埃蒂外婆讲这个故事以前,根本没人想过他居然会这么勇敢。

小黑鱼,顾名思义就是一条黑色的小鱼,他"鱼口脱险",躲过了大金枪鱼的追捕,可是这条大金枪鱼已经把小黑鱼的好朋友——一群小红鱼全都吞下了肚。小黑鱼的勇气和决心却丝毫没有动摇。不久,他遇到了另一群小红鱼。他们很怕大金枪鱼,总是躲起来,不敢出去。("'可是,你们不能老躲在那儿吧?'小黑鱼说,'我们一定要想想办法。'")

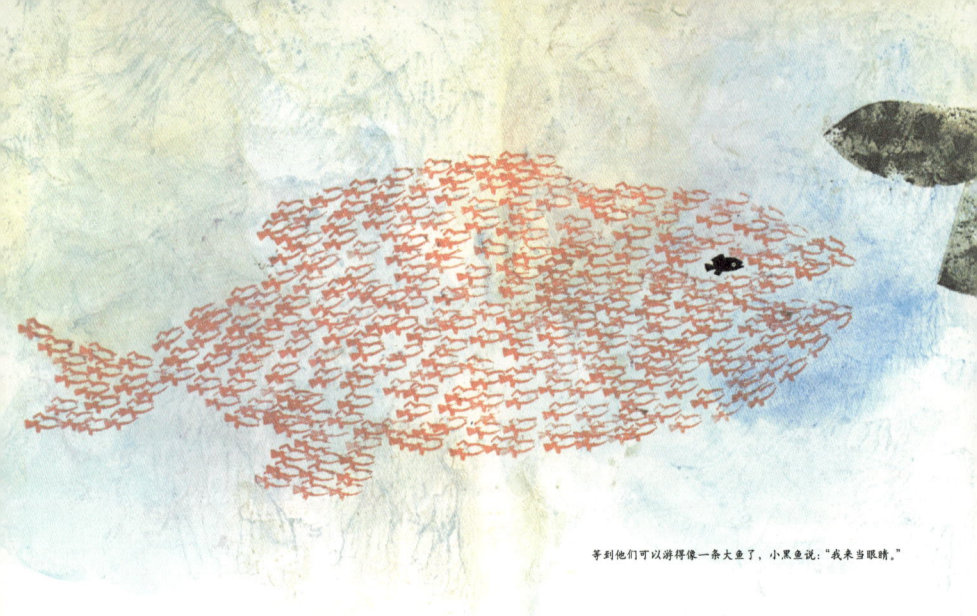

等到他们可以游得像一条大鱼了,小黑鱼说:"我来当眼睛。"

《小黑鱼》内文图

他想出了一个绝妙的计谋,他教小红鱼们井然有序地游在一起,变成海里最大的鱼。("等到他们可以游得像一条大鱼了,小黑鱼说:'我来当眼睛。'他们在清凉的早上游,在阳光灿烂的中午游,把大鱼都吓跑了。")

瑞妮的外婆是一个高大、爽朗的女人。我们很快攀谈起来,得知我们两个居然是同年生人。"你肯定会是一位很好的幼儿园老师。"我对她说。孩子们围着她,就像是那群小红鱼围着小黑鱼一样。

她的笑声洒满了整个教室。"也许是因为我以前当过幼儿园老师吧,当然其他年级我也教过。"她回答说。哦,想起来了,就是这位埃蒂小姐同意乔伊舅舅把他的宠物猪带到学校去。我的脑海里立刻浮现出一间狭小的教室,大家在用小猪哈尼做数学题的情景。故事真是很神奇,哪怕只听过一次故事里的某个瞬间就会清晰地留在我们的记忆中。

扫走最后一点蛋糕渣之后,我们在地毯上坐好,正对着埃蒂小姐——她希望我们这么称呼她。"我被叫埃蒂小姐叫了一辈子,甚至没当老师之前别人就这么叫了。我其实是叫哈丽特。你们知道,就像别人总叫我们家艾琳为瑞妮一样。"

"谁是艾琳?"柯芮问。

"谁是艾琳?谁是艾琳呢?"埃蒂小姐四下看了看,假装找不到瑞妮坐在哪里,然后她弯下腰,伸手把她拉了起来,"哦,这就是我们家艾琳。哈哈,我的宝贝不好意思了。对不起,小甜心,我们还是赶紧讲故事吧。宝贝,去和你的好朋友们坐好。我今天讲的故事,是关于真正的哈丽特的,我的名字就是由她而来。我原来教过的学生都听过这个故事,瑞妮也听过,我希望瑞妮的新朋友们也能听一听。"她迷人的微笑将我们全都吸引住了,而每一次看向瑞妮时,她的眼睛都在发亮。

"事实上,我原本计划讲另一个故事,但看了你们表演《小黑鱼》,就忍不住想起了那个和我同名的哈丽特,哈丽特·塔布曼,她本是个奴隶,和我的外婆一样,后来她从奴隶主手里逃出来，和小黑鱼从大鱼嘴里逃出来差不多。"

我和妮莎彼此对视了一下，笑了。我们的李欧·李奥尼又将一个人罩进了自己的网子。我坐在椅子上，欠了欠身子，迫不及待地想听听埃蒂小姐的故事有什么过人之处。毕竟，我是知道哈丽特的故事的。事实上，我自己在马丁·路德·金诞辰纪念日那天，还以此为题发表过演讲。可今天的情况不一样，今天应该会有惊喜，我非常笃定，而这惊喜将引爆很少在教室里进行的更深层的思考。只是我很意外，这居然是小黑鱼的功劳。

埃蒂小姐继续说："后来哈丽特·塔布曼做的事情也和小黑鱼差不多。她拯救了其他奴隶，虽然没法救出所有人——确实很遗憾，不过最后也有几百个人得救了。如果不是她，这些人仍然因为害怕而不敢逃跑。其中一个被拯救的就是我外婆，她那时还是个小女孩。瑞妮宝贝，那个人就是你的曾曾外婆，她和她的家人被哈丽特·塔布曼救出来的时候，正是你这个年纪。"

"他们也是游泳逃跑的吗？"凯文问。

"嗯，这么说吧，他们肯定不是鱼，但是也必须奋力地穿过许多河流，有的河水几乎漫过了肩膀，他们不得不把孩子高高地举起来。要知道，奴隶主常常会放狗去追，所以最好的躲避办法就是从河里穿过去。这样狗就闻不到气味了——那些逃跑的奴隶们的气味。"

埃蒂小姐看了看孩子们，担心他们也许不太明白这个故事和《小黑鱼》有什么关系。"现在，请你们想象一下，如果我是哈丽特·塔布曼，而你们是和我一起逃跑的奴隶。你们的肤色也不是白的，而是和我一样的颜色，瑞妮啊、布鲁斯啊、凯文啊，都是这种颜色。你们干完一天的重活已经很累了，可就在你们想要休息或者学习、看书、写字的时候，还要被人打，那是什么样子？"

孩子们纷纷展开五花八门的想象：他们模仿繁重劳动的场景，比如砍柴、摘棉花，就好像演戏一样。甚至还有人跌倒在地，假装号啕大哭。这时，埃蒂小姐小声说："注意啦，今天晚上，你们一听见猫头鹰叫，就往北斗星的方向跑。我在森林里接你们。嘘——小点声，声音越小越好。"

随后，天花板仿佛变成了繁星点点的夜空，"哈丽特·塔布曼"从树后面跑出来。奴隶们轻手轻脚地跟在她后面，穿过树丛和森林，小心翼翼地高举着双臂蹚过河流。"哈丽特"放下胳膊，轻声喊道："欢迎来到自由的国度！朋友们，你们已经自由，不再是奴隶啦！"

故事的另一层面

我们坐在操场的长椅上,埃蒂小姐对我说:"在密西西比时,我也给我的学生讲过《小黑鱼》。我一直强调他是一条'黑'鱼。我希望孩子们相信,一定会有一个黑人领袖带领他们过上更好的生活,而他们必须团结一致,互相帮助。"

"你现在还这么想吗?"我问道。

"更加坚定了。"她这么回答,"我们居住的小镇上,有过太多了不起的黑人领袖。他们都是明辨是非、懂得从失败中学习的人。"

"瑞妮就有这样的潜质,你不觉得吗?"

"啊,你也发现了!"埃蒂小姐看着我,像是对我有了新的认识,"是的,确实如此。她在自己过生日这天选择《小黑鱼》绝不是偶然,她早就知道我会来。她觉得我肯定会注意到她是这里唯一的黑人女孩,所以这就是她要传递给我的信息。"

"到底是什么信息呢?"

"我是这么认为的:告诉我,埃蒂外婆,这个和我一点都不一样的地方是否接纳了我。或者,我是不是应该和黑人在一起,就像在学前班和去教堂那样。"

"你这样想过?"

"我其实很矛盾,可我知道,瑞妮对自己是黑人有很强的自豪感。"她向从我们眼前跑过的孩子们挥了挥手,"不管怎么样,她的父母是真心想要她上这样的……这个幼儿园的。"

"啊,我很高兴她在这里。"我说,"坦白地说,今年如果没有瑞妮,我真不知道该怎么过。这是我退休前的最后一年了,你知道,心里五味杂陈。可是现在,我们俩一起搭上了李欧·李奥尼的列车,和其他人一起向前行进。这真是太不寻常了。"

"确实如此,"埃蒂小姐点头说,"连我也想再回去当老师了。"她沉默了一会儿,看着瑞妮玩滑梯。女生们全都聚在一起,比谁胆子最大,敢跟着瑞妮从最长的滑梯上滑下去。

埃蒂小姐转头看着我,说:"嗯,我希望对你更坦诚一些。其实我并没有刚才说的那么矛盾。我更愿意瑞妮上那种有更多黑人小孩和黑人老师的学校，比如我们家旁边的社区学校，据我所知，那里的条件比你们这里差很多。如果她一直留在这里，是无法成为一个黑人领袖的。绝无可能。个中原因有很多。"

随后，埃蒂小姐毅然决然地，像揭发阴谋似的，给了我其中一个理由。"去年夏天，我的女婿第一次来你们幼儿园的时候发生了一件事。史蒂夫现在已经释怀了，可是我还记得他当时有多生气。他本来已经去上班了，然后忽然想起忘了给瑞妮送申请表格。当时，他穿着自己最好的西装，拎着公文包，整副行头看上去就是一个成功的商业人士。很显然，他进错了办公室。办公桌前坐着一个年轻的白人小姐。"

听到这里，我睁大眼睛看着埃蒂小姐，不知道她下面要说什么，非常害怕听到那种最糟糕的事情。"看见史蒂夫进来，那位小姐就指着复印机说：'多长时间能修好？'在她看来，不管他穿得多么体面都是一个维修工，而不是一位家长。史蒂夫没来得及答话，又走进来一个白人，穿着卡其裤和T恤。结果这位小姐问：'有什么需要效劳的吗？'当时幼儿园里有暑期课程，这个人只是在找他女儿所在的班级。

虽说是史蒂夫走错了办公室,但在我看来,问题的关键在于,这个学校看见黑人的第一反应并不认为他是孩子的家长,而白人或亚洲人都不会被这样对待。"

她等着看我会不会回应,最后还是自己把话说完:"如果瑞妮继续在这里待下去,她决不会变成第二个哈丽特·塔布曼,这就是原因之一,因为她随时有可能被人看低。"埃蒂小姐站起来,准备回去,"你知道,薇薇安,无论是在哪个黑人社区,瑞妮的父母都是成功人士,是最值得尊敬的人,是领袖。"

"埃蒂,"我说着拉过她的手,"我相信这里也有你说的那种尊重,同时我也明白,作为一个白人,没有资格同你争论。你说的事情确实存在,而且我们没办法保证它以后永远不再发生。"

猴神哈奴曼

在埃蒂小姐到访后不久,妮莎给大家讲了猴神哈奴曼的故事,这一次我有幸成为听众之一。"瑞妮的外婆说小黑鱼令她想起了哈丽特·塔布曼这位伟大的美国英雄,我也想起了哈奴曼这个不太一样的印度人民的英雄。原来跟你们说过,在我小时候,我的奶奶和妈妈每天晚上都会讲这个故事哄我睡觉。言归正传,今天我要讲的是哈奴曼帮助罗摩国王组建军队的故事,有点像小黑鱼教小红鱼们聚在一起。"

此情此景令我忽然想到,其实讲故事的人是另外一种小黑鱼式的英雄。将一群心志散漫的人聚在一起,振动想象力与语言的翅膀飞起来,一起翱翔。现在,我和孩子们就是那群围着小黑鱼的小红鱼,而妮莎就是为我们引领旅程的人。

"很久很久以前,印度有一个国王叫罗摩。他娶了一位美丽的公主当妻子,名叫悉多。有一天,坏心肠的十首罗刹王罗波那闯了进来,他劫走悉多,将她关在自己的楞伽宫里。慢慢地,他喜欢上了悉多,还对她百般呵护,希望她开心。"

"那罗摩呢?"珍妮问。

"罗摩很伤心,"妮莎继续说,"他不知所措,只能和弟弟波罗多一起到处寻找。他们翻山越岭,穿过森林,找遍了所有的地方,可都一无所获。就在无比绝望、走投无路的时候,他们在森林里遇见了哈奴曼,就是我说过的风神伐由的儿子。哈奴曼对他们说:'我可以帮你们找到悉多。'罗摩不信:'你如何能做到?'哈奴曼说:'我会飞,能从天上看见她在哪里。'"

"他也有金翅膀吗?"瑞妮问。

"你可以这么想,"妮莎对她说,"有时候,我会想象他的翅膀上镶着亮晶晶的钻石和红宝石。于是,哈奴曼就飞起来找呀找。在这个时候,悉多也在天上飞呢,因为邪恶国王罗波那的大鸟把她抓走了。她趁大鸟穿过云层的时候,把身上戴着的首饰扔下来,留作记号。"

"哈奴曼是跟着记号走的!"乔纳森大喊。

"对,可是后来他遇到一个大麻烦。楞伽城——就是关着悉多的地方,在海中的一个小岛上。大海茫茫,怎么才能率领罗摩的大军渡过去呢？哈奴曼想啊想啊，终于想出一个好办法，只要大家齐心协力，就一定能办到。他让罗摩大军每人都拿一块小石头往海里扔。大军有成千上万人，石头就有成千上万块，等所有人的石头都扔完，正好铺成了一座桥。这样，大军得以横渡大海，可以登岛继续寻找悉多了。"

"找到她了吗？肯定找到了，对不对？"孩子们已经等不及想知道结局了。

"没错，最后他们找到了，你们真聪明。不过在救出悉多以前，还发生了好多事。下次我再给你们讲有关哈奴曼的神奇尾巴的故事，他的尾巴可以想变多长就变多长。这些故事一次讲不完，因为实在是千奇百怪，我们还要留出时间听别的故事呢，所以一次就讲一个吧。小时候，我希望他的故事永远别结束，所以央求妈妈把每个故事都讲了一遍又一遍。"

女生男生

"我想起一件事,"在我们第三遍或第四遍读《亚历山大和发条老鼠》的时候,瑞妮说,"威利是男生吗?"

我们开始在书里寻找,终于找到了指代威利的人称代词。("有一天,威利说起一个奇怪的故事。'我听说呀,'他神秘兮兮地低声说,'在花园里……住着一只魔法蜥蜴,他能把一种动物变成另外一种动物。'")"这么说,他是男生,"瑞妮说,"为什么书里讲的差不多都是男生呢?"

"李欧·李奥尼的书里吗?是这样吗?"孩子们把我们已有的李欧·李奥尼的书全都抱来放在地毯上。"我从来没想过这个问题。瑞妮说他书里的人都是男生,我们一起来检查看看。"我一一把书举起来,"蒂科?""男生。"孩子们异口同声地说。小黑鱼?男生。阿佛?哥尼流?小P?

《亚历山大和发条老鼠》
南海出版公司出版

全都是男生。就这样一本接一本,我们一个女生也没找到。

沃特对瑞妮说:"说是女生也可以。你也是小黑鱼。"

"沃特说得对,"我说,"你也可以是小黑鱼啊、阿佛啊、小P啊。我们表演这些故事的时候,也没困惑过男生女生的问题。"

"我们每次都是一起表演,所以不觉得有什么,"瑞妮说,"可我自己演小黑鱼的时候是想过这个问题的,我认为小黑鱼是女生。"

"就像哈丽特·塔布曼?"

"对。"她说道。

在此之前,我们重现这些故事时,从来没关注过人物的性别。我们用合唱的方式演过《田鼠阿佛》和《鳄鱼哥尼流》,其他的故事也都由男生女生一起朗诵台词。性别从来不影响我们讨论人物性格或故事情节。

然而，瑞妮依然提出了一个颇具时代意义的问题。有几分钟，我们静静地坐着，看着四面墙上挂满的海报，有的甚至是覆盖着贴上的，都快顶到天花板了。"我想，也许李欧·李奥尼没考虑过要画女生吧，因为他曾经就是个小男孩。"瑞妮说。大家都觉得她说得很有道理。

"也许还有另一个原因。"我说着掏出自己的笔记本，"现在请坐好，等我把这些书的出版日期写下来：1963年、1959年、1964年、1960年、1968年、1967年、1970年、1983年、1975年。好，我们来看，除了《鳄鱼哥尼流》是1983年出版的，其他书出版都有将近二十年了。《小黑鱼》和《蒂科与金翅膀》差不多是三十年前的书了。在那个时候，许多作者都将自己笔下的主角默认为是男生，哪怕本来也可以设定成女生的。"

所有人都不说话。我把笔记本打开放在钢琴的谱架上，让他们看得更直观一些。"嗯，这么说吧，"我指着那些海报说，"这些人物里有没有哪个你们认为必须是男生的？"

"亚历山大肯定是男生！"珍妮喊，"因为他经常被扫帚赶来赶去。"所有的孩子都点头同意。既然提起了性别问题，"淘气男生"的固有形象就浮现出来。

亚历山大——孩子们称之为"自由的小老鼠"——和玩

具老鼠威利一起住在一栋小房子里。威利是一只人见人爱的发条老鼠。("亚历山大不过是想找一点面包屑而已。可是那些人每次见到他,不是尖叫着喊救命,就是操起扫帚来赶他。")故事的结尾是亚历山大用一颗紫色的鹅卵石许愿,帮威利变成了一只真正的老鼠。亚历山大常被追打的情景,令他毫无意外地被当作一个男生。

"可威利应该是女生。"瑞妮说,"因为他睡在枕头上,女生才会这么睡。亚历山大是男生,是因为他有点坏坏的,我是说大家一直都……这么认为。"

布鲁斯不同意:"他才不坏呢,不然怎么会救威利?只

《亚历山大和发条老鼠》内文图

有那个用扫帚赶他的妈妈不喜欢他。"

我们有点偏离了瑞妮提出的问题:为什么那些主角全都是男生?"你们知道,李欧·李奥尼在画完《鳄鱼哥尼流》之后还在创作。"我说,"我们干吗不去图书馆里看看有没有新书是画女生的?"

瑞妮和沃特主动领命,带头跑了出去。我们其他人赶到图书馆的时候,管理员拿给我们一本之前从来没见过的李欧·李奥尼的书——《音乐老鼠洁洛婷》(*Geraldine, the Music Mouse*)。"这本里面有女生。"她说。

"出版日期是什么时候?"瑞妮问,这个问题让管理员很是惊讶。

"1979年。"她查看了一下,追问道,"为什么想知道这个?"

瑞妮拉着我的手说:"我们想知道李欧·李奥尼的所有事情。"

回教室的路上,瑞妮提了一堆问题,每个问题的主旨都差不多:"安妮是和我一样的黑人女孩吗?"威利属于一个我们没见过的女孩安妮。"没有答案的,瑞妮,书上没说。"紧接着瑞妮又问:"那个拿扫帚的女士是黑人还是白人?"

"这个人书上也没画出来。"

瑞妮皱紧了眉头，说："我觉得安妮和那位女士肯定都是白人，因为，瞧，李欧·李奥尼喜欢棕色，如果安妮和那位女士——我猜可能是她妈妈，如果她们是……黑人，他一定会画出来的。他一定希望把她们画出来给我们看。"

音乐老鼠洁洛婷

洁洛婷是个不折不扣的女生。("从来没有听过音乐的小老鼠洁洛婷,住在一栋空房子里。有一天,她在储藏室发现了一块巨大的奶酪,她从来没见过这么大的奶酪。")可是后面的一连串情节,跟她的性别没什么关系。

洁洛婷请朋友帮忙把奶酪搬回家,还和他们一起分享了这块美味佳肴。朋友们离开之后,她继续一点点地啃食,竟然在奶酪里发现了一个老鼠雕像,它把尾巴举在嘴边,看起来就像在吹笛子。从此以后,洁洛婷每天都在这只奶酪老鼠吹奏的美妙乐声中醒来。她坚信这是一只有魔法的老鼠,就再也不肯让饥肠辘辘的朋友们来吃它了。故事的最后,洁洛婷自己也能创造出美妙的旋律了。

如果我没理解错的话,这本书的高潮是奶酪老鼠的音乐深深打动每个灵魂的那一刻。可是，为什么要让一块奶酪来承担这一重任呢？毕竟，阿佛的诗歌天赋可不是来源于他坐着的那块石头，也不是朋友们收集起来的玉米粒。他的艺术来源于内心，小黑鱼的领导才能、哥尼流的强壮体魄，甚至蒂科的金翅膀梦，全都来源于他们的内心。

我将自己的疑惑坦陈给孩子们："我不明白，奶酪怎么会演奏音乐，哪怕这块奶酪是吹笛子老鼠的形象。"

"洁洛婷在做梦呢。"好几个孩子这么回答我。（"夜深了，那声音越来越清楚，越来越好听，音符似乎随着空气轻轻流动，连成一条条看不见的金丝和银线。洁洛婷从没听过这么美妙的声音，她心想：'音乐！这一定是音乐！'"）

"但这音乐真是奶酪老鼠演奏出来的吗？"

瑞妮的小脸骤然亮了起来。"这就像我梦见李欧·李奥尼的时候一样。"她说，"瞧，洁洛婷做梦的时候在想：哦，真好听，这一定是音乐。就像我梦见李欧·李奥尼的时候在想：你长得这么像阿佛，你一定就是李欧·李奥尼。因为我一直想的就是他。"

"我懂了，洁洛婷一直在想音乐，所以音乐才会走进她的梦里。"我感到灵机闪动，"嘿，孩子们！我刚刚有了这样一种想法。其实我们都是洁洛婷，每个人都是洁洛婷！

我们每个人的内心里都有只有自己才能听见和看见的东西。然后这些东西就变成了故事，变成了游戏，变成了一切我们所说所做的事！"

我的激情洋溢换来的却是教室里的鸦雀无声。我又用平静的口吻说："李欧·李奥尼也许是想告诉我们，我们每个人都有自己的奶酪。我们必须不停地啃咬，才能发现里面藏着什么。"

沃特带头鼓起掌来，其他人先是愣了一下，随后一个接一个地，和沃特一起有节奏地鼓起掌来。"奶酪奶酪，故事讲完了！"我大声地唱出来，自己也吓了一跳。

我站起来开始绕着教室转圈走，孩子们笑得前仰后合，我摆动着胳膊唱道："奶酪奶酪，啦啦啦啦。奶酪奶酪，啦啦啦啦。"孩子们马上在我身后接起一条长龙，绕着桌子椅子跑来跑去。"故事讲完了，奶酪奶酪！"奥利弗坐在角落的桌子旁，抬起头转身看着我们，露出浅浅的微笑。

稍后，午餐时间，瑞妮问我男生是不是也可以吹笛子。"你是很好奇为什么李欧·李奥尼要画一只女生音乐老鼠吗？没错，男生也可以成为笛子演奏家。"我回答她。

"他只是想让女生当一次主角吗？让女生成为演奏家？"瑞妮哼着歌收拾饭盒里的剩菜。"演奏家，"她一边往自己的储物柜走,一边柔声重复着,"演——奏——家。"

是啊,瑞妮就是一个洁洛婷般不断挖掘、热情探索内在的人。如果说奶酪是洁洛婷勇于创造的象征,那么埃蒂小姐给瑞妮讲的那些营养丰富的故事,正滋养了她独特的天赋,让她具有一种帮助我们认清"我是谁"以及"我如何与群体联结"的能力。

放学以后,我和妮莎一起打扫卫生,我对她说:"我已经想到了一个绝妙的词来形容这一年发生在我们这里的事:叙事的连续性。我们找到了一种实现连续叙事的方法。"

妮莎放下手中正在清洗的颜料罐,笑着对我说:"我记得你好像说过,剧本就有这个特点。"

"对,"我回答她说,"好比戏剧要按同一个节拍行进,又好比你每天晚上都要听伟大史诗的故事,现在我们的实验是李欧·李奥尼的作品。他能否提供另外一种媒介,以切合人对连续图像和戏剧事件保持长时注意的本能需求?现实是,教育机构的惯常做法是不停地干扰孩子们想对故事保持长时注意的每一点努力。我们要做的就是帮助他们——同时也是帮助我们自己——重回正轨。"

妮莎沏了两杯茶,示意我在刚擦干净的桌子旁坐下来。

"你知道这学期李欧·李奥尼的课程让我想到了什么吗?"她说,"它就像哈奴曼那条神奇的尾巴,可以不断地变长、变长、变长,直到把所有人和所有事都圈进来。"

原 谅

瑞妮准备做一张拼贴画送给李欧·李奥尼。这张画比她送给自己爸爸的还要大,可是内容差不多。她先独自忙了半小时,然后发动所有人来帮忙。正在制作中的礼物占满了整张桌子,上面堆了彩纸、硬纸板、塑料片、木片、胶带和绳子,还有胶水和颜料。我只能想起"一片狼藉"这个词。

"鲁帕瑞尔-森老师要用这张桌子上数学课。"我说,"可能明天一早就用。"

"我还没画完呢!"瑞妮咕哝说。她没继续做下去,可也不打算就此收手。她走到桌子旁,得意地看着这一大摊乱七八糟的可爱的杰作。整间教室里最引人瞩目的就是这个地方了。

"你们今天放学之前必须把这个做完。"我不容置疑地说,"这样,过一个晚上就晾干了。"这幅拼贴画堪称梦幻,真不知道这么大的东西要怎么运到那个遥远的意大利小镇,送到李欧·李奥尼手里。

妮莎带着大家坐到积木区,拿积木出数学题。"现在我们继续。昨天留了一道题,题目是如果一家人有十块小积木,后来……"这时,我用余光一扫,刚好看见一件灾难即将发生。"奥利弗!"我大喊一声,"不!慢着,奥利弗,别坐下!奥利弗!不要!"

难道他没看见桌子上放着什么吗?他伸手去拿水彩笔,袖子碰倒了一瓶紫颜料,颜料流到他的裤子上,他抖着裤腿,结果紫色的汁液四处飞溅。

他害怕地倒吸一口气,尖叫起来,抓起垫在桌上的报纸,上面的瓶瓶罐罐像波浪一样东倒西歪。一切离他只有十几厘米,他歇斯底里的声音到了震耳欲聋的程度。

瑞妮在我之前跑了过去。"我恨你,奥利弗!"她大喊着,摇晃着他的胳膊,想让他解释,"为什么你要这么干?坏人,你是坏人!所有的东西都被你毁了!你不再是我的朋友了!我永远都不跟你玩了,奥利弗!永远!"

奥利弗害怕地低着头,转过身跑到他的"藏身处"。瑞妮没有跟过去,她默默地清理被毁的东西。我走过去搂住她,说:"对不起,瑞妮。我本应该提醒他的。颜料洒在他身上的时候,他吓坏了。"

"他为什么会那样?"瑞妮问,好像这是她第一次意识到他是"那样"的。她坐在我的腿上,听着奥利弗的哭声从墙角传来。"对不起我错了,对不起对不起,别说你错了,对不起……"他的声音渐渐弱下去,变成呢喃。

"瑞妮,你去告诉他,你们还是好朋友,好吗?奥利弗并不明白刚才发生的一切,如果你不原谅他,他会一直哭。你能原谅他吗?"她搂着我的脖子,闭上眼睛,听我轻轻地哼一首歌。"去告诉罗迪阿姨,去告诉罗迪阿姨,去告诉罗迪阿姨,她养的大灰鹅死了……"其他的孩子也跑过来围在我们身边,难过得心情低落。

我一曲哼完,瑞妮跳下我的膝头,走到奥利弗的藏身处,趴了下去。"你想当兔子理查吗?"她问奥利弗,"我可以当甜心吗?"

奥利弗似乎是屏着呼吸,随后爬了出来。"别忘了掩护我,因为理查是刚刚出生的小宝宝。"奥利弗说。然后两个人一起站起来,瑞妮拉住奥利弗的手,领着他慢慢地走到玩具角。两个人就这样和好如初了。

第二天，瑞妮跟我说，她想了一个故事，要讲给奥利弗听。"从前有一只兔子叫甜心，还有一个兔宝宝叫理查。他没有妈妈，所以甜心就当了他的妈妈，同时也是他的姐姐。理查太累了，他一直哭一直哭，于是甜心把他放下来，哄他睡觉。第二天早上，他醒来以后就变成了王子。"

我们准备排演这个故事，瑞妮拉着奥利弗走到地毯上。"我们要准备演甜心的故事了，"她对奥利弗说，"没有轮到我们之前，要安静地等着，好吗？"

我有种预感，过会儿瑞妮可能会失望。她昨天原谅了奥利弗干的那件可怕的事之后，好像对他产生了一种新的责任感。整个上午，她不停地带他看各式各样的东西，邀请他一起玩，可奥利弗要么不理不睬，要么就直接拒绝，他更愿意自己一个人画画。现在，瑞妮似乎成了奥利弗的监护人，至少负责管理奥利弗画的故事。她把它们改编成了完全不同的版本。也许她不曾想过，奥利弗永远都不会让理查变成王子，他心中的故事永远不会变。

"到你们的故事了，瑞妮。"我喊道。瑞妮把奥利弗拉到地毯中间。"这个故事可好了。"瑞妮对他说，"因为你变成了王子。"我正准备开始读，奥利弗的低声哼哼很快就变成了嗡嗡的噪声。他捂着耳朵，闭着眼睛，最后嗡嗡声变成了呜呜低吼。瑞妮不知所措,大喊着要他停下,可是奥利弗没理会,直到我走过去抱住他才安静下来。故事到这里就结束了。

"为什么他不喜欢我的故事?"瑞妮看着奥利弗回到他自己的角落之后,问我。

"我想,也许他只是不愿意把甜心和理查让给别人。"我说,"你可以在玩具角演这个故事,但你不要把它画下来。你介意吗,瑞妮?"

瑞妮看着奥利弗,他手里的水彩笔飞快地在纸上涂着,我从来没见过他这样。"嗯,那他就不能当李欧·李奥尼了!如果他继续这样下去的话!"

"也许等他长大点会改变想法。"我安慰道,可是瑞妮听了并没觉得好受一点。显然,要原谅一个人很容易,可要按自己的设想重塑一个人很难。

吃午饭的时候,瑞妮仍被奥利弗的问题困扰着。"看着他,我想起了那本小老鼠戴着大面具的书。"她指着我们上次画的海报说,那上面画的是《绿尾巴老鼠》(*The Greentail Mouse*)。

"他的哪一点让你想起了这个?"我问。

"那些可怕的面具——他们过的是什么节来着?"

"狂欢节。"

"哦,对。他们一直戴着可怕的野兽面具彼此吓唬,忘了自己其实只是小小的老鼠。后来又来了一只小老鼠,他不戴——没戴面具,结果那些戴面具的老鼠以为他是个巨人,因为他居然长得和'野兽'一样大。"

"那奥利弗呢?"

"呃,瞧,他忘了他只是个幼儿园里的小男孩,却一直以为自己待在另一个奇怪的地方。所以,他才会什么都害怕。"

钓 鱼

我可以肯定地说，瑞妮的父亲是一位很有自信的讲故事高手，可今天他的耐心遇到了挑战。"这个故事是我和我爸爸去钓鱼的时候发生的。"威伦斯先生开始讲了，"我们要开很长一段时间的车，才能抵达我爷爷在密西西比州的农场。呃，事实上，是我奶奶的。当时我爷爷已经上天堂了。"

"你爷爷为什么上天堂？"

"他很早以前就去了。总之，我们开车穿过了密苏里州和阿肯色州，终于到了一个叫作亚祖的地方……"

"他死了吗？"

"对，好了，听我接着讲。路上我不停地问：'我们什么时候才能到啊，爸爸？'我爸爸一直回答：'快了快了，儿子。'"

"他怎么死的？被枪打死的吗？"

"不，他有心脏病。他的心脏不跳了，他就死了。嗯，后来我们终于到了，那是在郊外，我第一眼就看见了一口很大、很黑的锅……"

"如果你心脏不跳了，就是心脏病犯了，那你肯定会死。"

"孩子们，有些人心脏确实会生病，所以他们要去医生那里寻求帮助。总之呢，我说：'奶奶，那口大锅是干吗用的？瞧，就是前院里那个。'她对我说：'到晚上你就知道了。'所以我们全……"

"如果你的心脏和头同时得病了，还被枪打中，那才是没救了呢。"

威伦斯先生深吸一口气，说："是的，不过我上面说的情况是自然规律，能理解吗？然后我们就跑去钓鱼了，我们全都……"

"头生病比心脏生病更容易死，因为大脑就在头里！"

"我们带了很长的钓竿和长长的鱼线。你们谁去钓过鱼吗？"

"我从来没去过，因为我爸爸说现在的鱼都被污染了。"

"呃，有些地方是这样。可我小时候不是。"威伦斯先生看着我，扬了扬眉毛。

"威伦斯先生，"我开口说，"你爸爸让你举着钓竿吗？"

他冲我闪过一丝笑容。"实际上,他们钓鱼都不用钓竿。他们在一根长长的鱼线上又系了好几条鱼线,每条线都挂着一个钓钩。然后他们带着这条长鱼线登上一条小船,划到湖对岸,把一头系在树干上,做完这些又划回来,把鱼线的另一头拴在钓竿上。然后我们就走了。

"我对爸爸说:'一点都不好玩,为什么不是用钓竿钓啊?'结果他对我说:'晚上回来的时候,你就能看见有多少鱼在等着我们了。'钓线上的鱼果真多得难以想象。我、我爸爸、我哥哥,还有姑姑、姑父,我们全体出动才把所有鱼都抬回家。到家以后,大人们去收拾这些鱼,我们小孩子就跑出去玩了。"

"爸爸,大黑锅还在院子里吗?"

"很高兴你还没忘,宝贝。我们在大黑锅下面生了火,然后——哦,你好,奥利弗。你在听我讲钓鱼的故事吗?"

奥利弗爬近了些。"如果有人朝你开枪,那才是死定了呢。"他说。

"有时候是这样,奥利弗。"威伦斯先生温和地说,"不过你们不用担心这种事,没人会对你们开枪的。"瑞妮趁她爸爸接着讲故事的时候爬上了他的膝头。"然后大人们往热锅里扔了几块牛油,把我们捕的所有鱼都放了进去。哦,孩子们，香极了！那天晚上，我们还吃了玉米面包、新鲜的青菜，还有玉米棒，吃得可撑了。"

"威伦斯先生，威伦斯先生，我很难过。"布鲁斯说。

"为什么，孩子？"

"你爷爷死了，我很难过他得了心脏病，然后死了。"

"呃，谢谢你，布鲁斯。你能这么说，真好。"

安心树

也许命中注定今年所有的事情都要与李欧·李奥尼扯上关系。就在瑞妮父亲来讲故事的第二天,瑞妮指着书架上李欧·李奥尼的书,问道:"书里怎么从来没人死呢?"

"有的,"正在和沃特玩象棋的布鲁斯回答,"那些小红鱼就被大金枪鱼吃了。"

"我是说爸爸或妈妈,就像灰姑娘的故事里那样,或爷爷什么的。"

"你是想起了你爸爸讲故事时说他爷爷死了那件事吗?"我问道。

"我想起了珍妮的妈妈,"瑞妮说,"大人们会跟我们讲吗?"

"应该不会吧,瑞妮,除非有人主动问起来。"

珍妮的爸爸和奶奶今天要来讲故事。"不是我妈妈。"珍妮嘱咐我们说。她已经说过很多次她妈妈死了。如果有人问的话,她还是很愿意讲这件事。如果没人问而她又很想讲的话,还会主动将话题往这上面带。"当时我才两岁。"她经常这么开头,"我妈妈得了癌症,这就是说,她病得非常、非常厉害。有时候我想不起她的样子了,就去看看照片。"

午饭之后,伯根先生和他的母亲到了幼儿园。我觉得我们好像走进了一个三代同堂的故事里,珍妮的回忆开了头,把我们带进了过去的时光。李欧·李奥尼的书里没有这类故事。我们需要真实的人,以真实的家人身份告诉我们,作为家庭一份子的我们是谁。

"我像你们这么大的时候,"伯根先生开始说,"住的小镇上有一棵树,叫作'安心树',因为镇上所有人都可以爬上去,甚至小孩子。有一天,我太大意了,结果从最低的树枝上掉了下来,浑身是伤。可是哥哥说:'别告诉别人,知道吗?就说你是骑自行车的时候摔的。因为如果被大人们知道了,我们就不会再有一棵叫作"安心树"的树了。'"

孩子们都笑容满面地看着伯根先生。从某方面来说,每个人都明白那里必须有一棵安心树,一个人不能失去希望。年迈的伯根老夫人慈祥地看着自己的儿子,说:"约翰,你从来没有跟我说过这件事。我从不知道原来你还从安心树上掉下来过。"

"爸爸应该告诉你吗?"珍妮问奶奶。所有人都等着听回答,这可不是个只有孩子才会好奇的问题。伯根老夫人的回答令人安心:"哦,你爸爸相信他哥哥知道怎么处理才是最好的。现在,孩子们,我要讲的是一个没有安心树的地方。我很小很小的时候,住在新斯科舍省的一个农庄里,那里的土地很硬,根本没法种庄稼。不过我们很幸运,我们的奶牛能产很多奶,那是我喝过的最甜的牛奶。"

"它就是那里的安心树吗?"瑞妮问。

伯根老夫人认真地看着瑞妮,说:"到我这里来,孩子。能让我抱抱你吗?你刚刚说的很值得思考。我们的奶牛非常可靠,它就是我们的安心树。你说得对极了。"

后来伯根老夫人讲完了她的故事,故事的结局是奶牛走丢了,人们发现它走到结冰的池塘中央,回不来了。我不禁想,瑞妮能理解安心树的象征意义,也许跟我们这段时间以来所做的分析李奥尼作品的实践活动有一定关系吧。

反过来不也一样吗?李欧·李奥尼的故事和安心树的故事能被理解到这个程度,是因为幼儿园的孩子本就知道要如何思考这类问题。我们要做的只不过是将合适的内容提供给他们,让他们有机会展示或整合自己的天赋。

当然,这内容里也包括孩子们自己发展出来的故事。"你的奶牛是棕色的吗?"瑞妮问。

伯根老夫人哈哈大笑。"哦,是的,差不多是全棕的。我们给它起了个名字叫'可可'。瑞妮,你为什么这么问?"

"因为她是安心树奶牛。棕色就很令人安心。"

城市老鼠

"这可不是安心树。"我在读完我们手里最新一本李欧·李奥尼的书《城市老鼠》(*Mr. McMouse*)之后说。这本书于1992年出版,也许是他最新的一本作品。

"我们再读一遍吧。"我提议说,将手里的书翻回到第一页。一只叫提摩西的小老鼠正站着照镜子,一副兴高采烈的样子。("'我是一只多好看的城市老鼠啊!'他心想。")可是下一页,他的世界便天翻地覆了。他还站在原地,面前还是同一面镜子,镜子里的他却戴着翘边的礼帽,身穿大礼服。他似乎不认识自己了,我们看得也很疑惑。("他往后跳了一下,怪叫一声,逃命去了。")

"我不懂,"瑞妮边说边摇头,"难道别人能闯进你的镜子里吗?"

"他肯定是在做梦。"柯芮说,"不然就是他买了新衣服以后,穿着新衣服睡着了。然后第二天早上起床的时候把这件事忘了。"

"也许那天是万圣节。"安妮塔说,"他穿的是道具服装,把他自己吓坏了。"

瑞妮听着越来越多的人给出答案,自己却不置可否。她好像对自己看不懂《城市老鼠》这件事更感兴趣。这是她第一次问我是怎么理解的。

"我也不是很明白。从某方面来说,提摩西和小P很像,都很想知道'我是谁',也很像小蓝和小黄,就是他们忽然变成绿色,不认识自己的时候。不过,当然啦,提摩西吓得都想不起自己的名字了。"

("忽然,草丛分开了,一只乡下老鼠勇敢地走了过来。'你好,'她说,'我叫小林,你叫什么名字?''我……我叫……'提摩西咕哝着,想不起来了。乡下老鼠目不转睛地盯着他。小林笑了笑,说:'没关系,我给你起个名字吧,叫麦老鼠!'")

这个故事是大团圆结局,提摩西从猫的手里救出了乡下老鼠,可镜子那一幕仍然是一个谜。"那是魔镜,"珍妮说,"你照镜子的时候,里面会出现不同的衣服。"

作者设置出一个卡夫卡式的情境，主人公忽然忘记了自己的模样、名字以及身份，而他和我们谁也不知道这是为什么。当蒂科长了金翅膀的时候，我们知道这是许愿鸟的功劳。可是提摩西的变形来得莫名其妙——当然，我们也可以勉强解释为，他作为一只城市老鼠和人类生活得太久了，已经把自己当成人了。可是他不知道作为人类该如何思考、如何感受，所以跑了，连名字都没有。

我的思绪又转到另外一方面。如果说一寸虫代表了李欧·李奥尼要逃离广告圈，那么这个新故事是不是想告诉我们，有一天，当作者在纽约醒来的时候，意识到自己已经变成了另外的人，变成了一个认不出是谁而急需回到老家找回真正的自己的人呢？

"提摩西到底想没想起自己叫什么啊？"好多孩子都想知道。

"书里没说，"我回答说，"我也很想知道。"

"他当然想起来了，"珍妮斩钉截铁地说，"因为他现在有朋友了。小林是他的朋友，他需要告诉朋友自己的名字。"

多美好的想法啊！当你迷失的时候，还能透过友谊之镜找回自己。孩子们刚上学的时候，还无法在学校之镜中认出自己。直到有一天，他们有了可以被信赖的朋友，这个人会帮助他们呈现出真正的自己。沃特在瑞妮说他像小P以前，从没说过他的全名。不过，瑞妮在将他看作一名画家之前，就已经拿他当朋友看了，这无关才华。

"沃特，"我问道，"你第一天来到这里的时候，一个人都不认识，后来，你是什么时候交到朋友的呢？"

虽然他对这个问题毫无准备，但还是很愿意回答。"就是我看见他们和华沙的小朋友玩一样的游戏的时候。然后就玩——他们——我和他们就一起玩了。现在，我们成好朋友了。哈哈！"他抚掌大笑。

我看着其他跟着沃特一起哈哈大笑的孩子，他们也都是我的朋友，他们知道我的全名。如果能映照出我最真实样子的魔镜就是教室墙上的那一面该怎么办？有一天当我不再拥有"老师"这个身份，是不是连名字都不能留下呢？

家庭讨论

放学的时候,瑞妮的外婆来接她,我把《城市老鼠》拿给她。"埃蒂,能帮忙看看这本书,然后告诉我你的感受吗?里面镜子的那部分我们没看懂。我保证,这本和《小黑鱼》完全不一样。"

埃蒂小姐吃过晚饭后给我打了个电话。"薇薇安,我的第一个想法是,这说的是有色人种和许多白人在一起以后忘了自己是谁。"

"这是你的第一想法,然后呢?"

"哦,然后我和瑞妮一起讨论了一下,她全盘否定了我的看法。她说:'外婆,如果你有朋友就好了。'于是我们晚饭时间一直在讨论这本书。瑞妮说,沃特是班里唯一讲波兰语的孩子,可他有很多朋友,所以很开心。然后她一直说个不停,给我们讲了柯芮、珍妮、布鲁斯,还有阿佛、蒂科和奥利弗,到后来根本就分不清谁是书里的人物、谁是现实里的了。反正,在她看来,这本书说的是友谊,就这么简单。友谊万岁。"

"那她的父母对提摩西和镜子是怎么看的呢?"

"史蒂夫说:'每次我刮胡子的时候,看着镜子,都有一种不认识自己的感觉。特别是我对别人做了很恶劣的事以后。'然后我女儿就接着说:'也许提摩西并不是他真正的名字。也许这个名字是人类给起的,他在城市里没有可以喊他真名的老鼠朋友。所以他必须回到同伴当中去,找回自己。'"

"这真是一场很棒的讨论,埃蒂。"

"等一下,还没完。我们在洗碗的时候,瑞妮又说:'那只老鼠肯定想给自己梦见一个新名字。'后来她又说了一句话,好像这两件事有关系似的。她说:'明天棕娃娃也会出现在我的故事里,我要把它记在笔记本上。'"

"棕娃娃是谁?"

"她想象中的玩伴。可她从没让他出现在家以外的地方!为什么她会选这个时候?她打算这么做让我觉得很有意思。"

"也许她会改变主意的。"我说道。

"有可能,不过我的瑞妮可是个能够不断以新视角看问题的人。你知道睡觉的时候她对我说什么吗?她说:'外婆,你忘了小黑鱼的事吗?他是小红鱼的领袖,小红鱼哦。这就是说,小黑鱼也可以成为其他颜色的小鱼的领袖。'"

棕娃娃

为什么瑞妮想让我们认识棕娃娃呢?这是和家人讨论完《城市老鼠》之后的一时冲动吗?"很久很久以前,有一个棕娃娃,"第二天她宣布说,同时观察着我们是不是在注意听,"他不想和小女孩一起去幼儿园上课。于是他说:'我今天自己玩。'所以他就绕着幼儿园走,滑滑梯,闻花香。后来,小女孩就带他回家了。"

"棕娃娃住你家吗?"柯芮问。

"棕娃娃——呃,他确实是从我家来的。可是现在,他在我的脑子里。嗯,没错啦,他是住在我家。"

接下来,瑞妮将她的笔记本递给我,在连续两个内页的最上面分别写着"第一章"和"第二章"。"我在画一本分章节的书,"她说,"就像《夏洛的网》。"故事的第二部分是以"棕娃娃"开始的。"后来棕娃娃看见了蒂科,他正在哭,因为他的朋友们都不喜欢他了。可是棕娃娃很喜欢蒂科的金翅膀。于是他们就一起玩,直到小女孩出现,蒂科才回到他自己的书里。小女孩就带着棕娃娃回家了。"

"棕娃娃是个人吗?"珍妮问,"他有妈妈吗?"

"他妈妈死了,他爸爸也是。"

过了一天,第三章出炉了。"没人能看见棕娃娃,除了小女孩和蒂科。然后,阿佛也想和棕娃娃一起玩,可是李欧·李奥尼不同意他从书里出去。'进来吧,进来吧,啊,棕娃娃,请你进来吧!'可是棕娃娃说不行。"

瑞妮开始将自己的笔记本涂成奥利弗的风格,画了好多小人站成一排,很显然在团结一心地做什么事。这些人被一个故事联系起来,但也许不限于棕娃娃的故事。

"哪个是棕娃娃?"柯芮问,"你画棕娃娃了吗?"瑞妮摇了摇头,什么都没说。

第四章是这样的:蒂科每天都来和棕娃娃一起玩,棕娃娃坐在蒂科的背上,一直飞到很高的天空。他们能看见整个幼儿园,小女孩在窗边向他们挥了挥手,可是其他人都没站在窗户旁。

我很少见到瑞妮这么为难。她很想告诉我们这个奇妙的幻想故事，可是又害怕我们过多干涉。她既没把棕娃娃画出来，也没找人来演他。虽然我们有幸听这个故事，却没机会演出来，或者重新改编。

不过其他的孩子已经习惯于追问关于李奥尼的每件事了。"蒂科出去的时候，怎么会没人发现书上的空白？"他们最想知道的是："为什么阿佛不能出来，蒂科却能跑出来和棕娃娃一起在操场上玩？"这似乎很不公平，大家一致这么觉得。

沃特有一个解释："阿佛不能去操场，是因为操场上有猫。"但是布鲁斯否定了他的意见："不对！猫不会吃从书里跑出来的老鼠。"

每一串新问题都会在瑞妮的故事里得到回应。"蒂科飞回到窗边，可是没人能看见他。他让阿佛坐在自己的背上，这样别人就看不见他了。然后，阿佛就跑出来和棕娃娃一起玩了。"

这时发生了一件事，打破了这种平衡。柯芮决定在玩具角玩棕娃娃的游戏。"我当小女孩，"她说，"你当棕娃娃好吗？我当你的妈妈。"

柯芮没想到的是，瑞妮从玩具角跑开了。"我的故事我要自己演！"她大喊着把笔记本推给我，"蒂科和阿佛不见了，小女孩看着书，里面什么都没有。回来，回来！于是他们回到自己的书里，小女孩把书合上了。再见！该回家了，棕娃娃！他们回家一直玩到公鸡打鸣的时候。故事讲完了。"

非常突兀地，此后我们再也没听过棕娃娃的故事。这个故事到此结束，个人幻想和幼儿园的现实再次归于平衡。也许李欧·李奥尼画完《城市老鼠》以后也有同样的感觉，也是忽然决定结束，我这么想。也许他会说："好了，我虽然画了镜子的那一幕，不过我不会解释什么。我想要躲开所有人，包括我自己，因为我也不知道那是什么意思。"

待到天明鸡叫时

棕娃娃匆匆地走了,正如他匆匆地来。可是对有些孩子来说,听这种一章一章的故事变成了每天的习惯。就连沃特都很高兴地在故事结尾加上"未完待续"四个字,好让故事里的人物和情节在第二天新的一章接续下去,或是和之前的截然相反。

沃特讲的是斯坦尼斯拉夫带着他的猫路泽一起冒险的故事,他们一直在追一只叫作雅各布的狗。可是这只狗比他们都聪明,故事的结尾总是以他们的头撞在一起或者掉进陷阱里结束。每到这时,沃特就会以唱歌般的腔调说道:"未完待续,哈哈!"

"今天你要讲雅各布的故事吗?"瑞妮挨着沃特,坐在讲故事的桌子旁问。瑞妮从众多孩子里选他来给自己讲故事，通常，沃特的表现也像是专门讲给瑞妮听的一样。

"听着，瑞妮，"他咧开嘴笑着说，"我要讲的是分章节的故事。从前，有一章叫一，然后讲啊讲啊，故事讲完的时候，公鸡都打鸣了。未完待续，哈哈。"

瑞妮也哈哈笑着，差点从椅子上摔下来。我不知道她是真的差点摔下来，还是假装这么做，但是沃特很受鼓舞。他又把他的笔记本拿给我。"两章了！"他宣布，"然后该讲第二章了，一直讲到公鸡打鸣。完了，哈哈哈！"

只要沃特上演最新的戏剧作品，孩子们都欢呼雀跃。他两次跑到地毯中间，我们则每次都站成金鸡独立的样子，开始打鸣，然后他再跑回自己的位置。这种最基本的艺术形式，将这块方地毯变成了一个迷你剧场。在这背后，我们知道他在编自己的章节故事时得到了乐趣。这几次表演证明，沃特其实是颇具水准的幽默大师，我以前从未发现。

瑞妮和柯芮却不像我这样惊讶。"就像那次一样，对吗，沃特？"那次是哪次？这间教室里每天还有多少事从我眼皮底下溜走了？孩子们每天都在追寻彼此的足迹，而我，即使用放大镜也无法完成这样的事。也许，这么久以来，是我自己需要持续不断地用李欧·李奥尼的故事来了解孩子，了解自己。

期末将近。公鸡打鸣正打得起劲,最后一声却要以问号结束了。听到画桌旁的瑞妮一个人低声哼唱,我觉得自己有了一种可以永远坚持下去的力量。

当然,不是在幼儿园了。就像棕娃娃,我也要去别的地方探险了。瑞妮、奥利弗、沃特、柯芮、布鲁斯,还有其他能够成为我想象中玩伴的孩子,他们都会在我将要开始写的书里同我聊天,在我走进森林深处的小木屋时为我唱歌。就像瑞妮给城市老鼠的建议那样,我最好为自己梦见一个全新的名字。

"埃蒂外婆说你不再做老师了,"瑞妮问,"是真的吗?"

"这真的很难想象,瑞妮,不过我现在还是。"

她趴在我耳边低语:"我很想和你还有其他小朋友一起再在这里待一年。"

她充满希望地看着我。可以吗,这个梦想可以成真吗?

"要真是那样该多好啊!"我也趴在她耳边悄悄说,"可是你知道,你要上一年级了。"

"李欧·李奥尼怎么办?"

"如果愿意,我们随时在心里想他,看他画的书,用笔画他的小老鼠,瑞妮。还可以写一写关于他的故事。"

"你会这么做吗?"她问我。

"会的,我一定会。"

"那好吧,我也会。"瑞妮跑到玩具角,柯芮正在那里等着她。桌子都收拾好了,桌布也全都拿出来,准备铺上。新的故事马上就要开始了。

"李欧·李奥尼的这些海报要怎么处理?"孩子们看见我和妮莎打算把墙上的海报摘下来时,问道。"别摘了吧,应该留在这里。"珍妮说,"你想把它们摘下来吗?"

我和妮莎对视了一眼。孩子们知道,明年这个教室归妮莎了,这里由她做主。"其实我还没好好考虑过,"她说,"也许明年新来的小朋友会想画他们自己的海报。"

"他们也画李欧·李奥尼吗?"瑞妮问。

"可能画别的他们喜欢的书。"沃特说,"可能是完全不一样的东西。"

"去年这里就没有挂海报,"我想起来,"去年的小朋友在墙上画过一次冬天,然后画了一次春天,画了好多树、好多花和好多鸟。哦,对了,还画过飞机和火车,事实上,他们画了整个芝加哥城。我们把画纸颠来倒去,才能画下西尔斯大厦和约翰·汉考克中心。"

孩子们全都看着我,忽然意识到在这间教室里原来还有一群孩子,关心过与自己完全不同的事情。想到这里,瑞妮站了起来。她伸出手,似乎想要摸一摸那些海报。

"我们难道不能把它们放着不动吗?"她央求道,"否则他们就不会知道我们做过些什么。新来的小朋友会说:'原来是谁在这里?我们得了解一下这些人!'他们很可能会这么说的。瞧,等他们看完所有的海报以后就会问:'哦,这是什么?'还会说:'画了这么多漂亮海报的孩子们都叫什么?'这样的话,再让他们画自己的海报。因为,瞧,你现在怎么会知道呢?也许他们也想画李欧·李奥尼!"

妮莎哈哈大笑起来。"开学第一天,搞一次这样的活动也不错。好吧,我们现在就先留着它们吧。新来的小朋友会很想知道是谁画了这些漂亮的海报。我会给他们讲'李欧·李奥尼年'的故事。"

"还要讲蒂科。"瑞妮说。

"讲蒂科的什么事呢?"妮莎问。

瑞妮却对着我回答:"告诉他们,蒂科可以留着他的金翅膀。蒂科应该对他的朋友们说:'我只是很喜欢金翅膀,为什么你们不能继续和我当朋友呢?这不过是一对金翅膀而已,有什么不对呢?'"

"如果他这么说,"我问瑞妮,"他的朋友们会怎么回答?"

"嗯,也许他们会说:'我们不要继续和你当朋友,因为你有金翅膀。'不过,瞧,这时蒂科就会说:'可以的,你们还是我的朋友。我不想把金翅膀送人,我喜欢它,我觉得它很漂亮。但我并不是说我比你们漂亮。只是我在想,为什么你们不留下来和我一起讨论一下呢?先别急着飞走嘛。瞧,这样我们就能一直聊下去了,怎么样?'"

**关于绘本大师
李欧·李奥尼**

　　李欧·李奥尼1910年5月出生于荷兰阿姆斯特丹,父亲是比利时犹太商人,母亲是女高音歌唱家。因家在美术馆附近,舅舅们又是建筑师、画家和艺术品收藏家,所以他从小就得以浸润在浓郁的艺术氛围之中。十三岁起,他随家人辗转美国、意大利。1935年,他获得经济学博士学位。1945年,欧洲掀起反犹太浪潮,他们被迫举家走避美国。

　　李奥尼是一个才华横溢、不受拘束的艺术天才,绘画、雕刻、平面设计、印刷、陶艺、摄影……样样精通,曾任美国《财富》杂志设计主管长达10年。其间,他多次在欧洲和美国举办个人画展、设计展,并曾担任美国平面造型艺术学会主席、1953年度国际设计大会主席。1955年获美国平面造型艺术协会最佳广告制作美术指导奖，1956年获建筑联盟金牌奖。1984年获美国平面造型艺术学会奖时，他受到这样的评价：他通过自己的艺术创作、设计创作，对设计领域的领导和人才培养，以及通过为孩子们创作绘本，深深地影响了至少三代人。人文主义和理性主义自始至终贯穿着他的作品。

尽管李奥尼开始创作绘本时已经四十九岁，他却开创了一个绘本的新时代。《纽约时报》曾不惜溢美之词，给予他这样的评价："如果绘本是我们这个时代一种新的视觉艺术，李欧·李奥尼则是这种风格的大家。"

他的绘本获奖无数，其中《一寸虫》《小黑鱼》《田鼠阿佛》《亚历山大和发条老鼠》分别于1961年、1964年、1968年及1970年四次荣获美国凯迪克奖。

1999年10月，这位被誉为"色彩魔术师"的绘本大师在意大利与世长辞，享年八十九岁。

李欧·李奥尼绘本作品年表

1959 —— **《小蓝和小黄》**
Little Blue and Little Yellow
明天出版社

1960 —— **《一寸虫》**
Inch by Inch
明天出版社

1961 —— **《沙滩上的鹅卵石》**
On My Beach There Are Many Pebbles

1963 —— **《小黑鱼》**
Swimmy
南海出版公司

1964 《蒂科与金翅膀》
Tico and the Golden Wings
南海出版公司

 1967 《田鼠阿佛》
Frederick
南海出版公司

 1968 《字母树》　　　　　　　《世界上最大的房子》
The Alphabet Tree　　　　　The Biggest House in the World
南海出版公司　　　　　　　南海出版公司

《亚历山大和发条老鼠》
Alexander and the Wind-Up Mouse
南海出版公司

 《鱼就是鱼》
Fish is Fish
南海出版公司

 《西奥多和会说话的蘑菇》
Theodore and the Talking Mushroom
南海出版公司

 《绿尾巴老鼠》
The Greentail Mouse

1975 《自己的颜色》
A Color of His Own
南海出版公司

《佩泽提诺》
Pezzettino
南海出版公司

《兔子乐园》
In the Rabbitgarden

 1977 《跳蚤的故事》
A Flea Story

 1979 《音乐老鼠洁洛婷》
Geraldine, the Music Mouse

 1982 《我们来做兔子吧》
Let's Make Rabbits

 1983 《何人》 《何物》 《何地》 《何时》 《一起玩吧!》
Who? What? Where? When? Let's Play

《鳄鱼哥尼流》
Cornelius
南海出版公司

1985 —《颜色》——《数字》——《字母》——《词语》
Colors　　　Numbers　　Letters　　Words to Talk About

—《这是我的！》
It's Mine!
南海出版公司

1987 —《尼古拉斯，你去哪儿了？》
Nicholas, Where Have You Been?

1988 —《六只乌鸦》
Six Crows

1989 —《蒂莉和高墙》
Tillie and the Wall
南海出版公司

1991 ⸺ 《玛修的梦》
Matthew's Dream
南海出版公司

1992 ⸺ 《城市老鼠》　《忙碌的一年》
Mr. McMouse　　A Busy Year

1994 ⸺ 《一只奇特的蛋》
An Extraordinary Egg
南海出版公司

图书在版编目（CIP）数据

共读绘本的一年／（美）薇薇安·嘉辛·佩利著；
枣泥译．－－北京：北京联合出版公司，2018.5（2025.4重印）
ISBN 978-7-5596-0968-7

Ⅰ．①共… Ⅱ．①薇… ②枣… Ⅲ．①学前教育－案
例－美国 Ⅳ．① G619.712

中国版本图书馆 CIP 数据核字 (2017) 第 236216 号

著作权合同登记 图字：01-2017-5828 号
THE GIRL WITH THE BROWN CRAYON by Vivian Gussin Paley
Copyright © 1997 by the President and Fellows of Harvard College
Published by arrangement with Harvard University Press
through Bardon-Chinese Media Agency
ALL RIGHTS RESERVED.

共读绘本的一年

作　　者：[美]薇薇安·嘉辛·佩利 著
　　　　　枣泥 译
责任编辑：李艳芬
特邀编辑：薛梦媛
封面设计：江宛乐
版式设计：田晓波

北京联合出版公司出版
(北京市西城区德外大街83号楼9层　100088)
新经典发行有限公司发行
电话 (010)68423599　邮箱 editor@readinglife.com
山东韵杰文化科技有限公司印刷　新华书店经销
字数67千字　880毫米×1270毫米　1/32　5印张
2018年5月第1版　2025年4月第8次印刷
ISBN 978-7-5596-0968-7
定价：36.50元

未经许可，不得以任何方式复制或抄袭本书部分或全部内容
版权所有，侵权必究
本书若有质量问题，请与本公司图书销售中心联系调换。电话：010-68423599